자아 놀이 공원에 온 여러분을 환영합니다.

자아 놀이 공원은 프로이트, 융, 스키너, 에릭슨 등 저명한 심리학자들이 설계했습니다. 이들은 별다른 심리학 지식이 없어도 누구나 즐길 수 있도록 흥미로운 비유와 상징으로 각 체험관을 만들었습니다. 안과 밖이 만나 하나의 길이 되는 뫼비우스의 띠처럼, 각 체험관마다 신기한 자아 발견의 모험이 새롭게 시작됩니다.

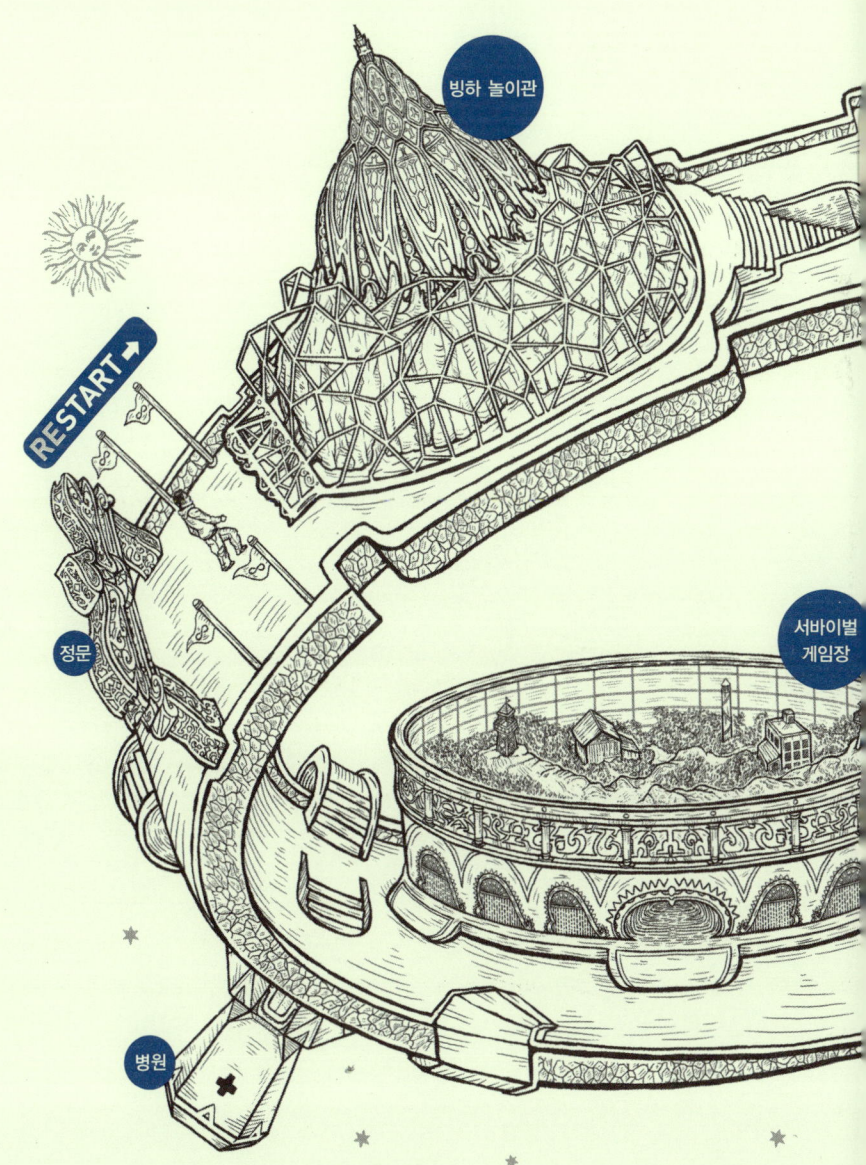

자아
놀이
공원

자아 놀이 공원

2009년 3월 27일 1판 1쇄
2022년 1월 31일 1판 12쇄

지은이 이남석
그린이 김병우

편집 정은숙, 서상일 **교정** 송혜주 **디자인** 이혜연
제작 박홍기 **마케팅** 이병규, 양현범, 이장열 **홍보** 조민희, 강효원
출력 블루엔 **인쇄** 코리아피앤피 **제본** J&D바인텍

펴낸이 강맑실 **펴낸곳** (주)사계절출판사 **등록** 제406-2003-034호
주소 (우)10881 경기도 파주시 회동길 252
전화 031)955-8558, 8588 **전송** 마케팅부 031)955-8595 편집부 031)955-8596
홈페이지 www.sakyejul.net **전자우편** skj@sakyejul.com
블로그 skjmail.blog.me **페이스북** facebook.com/sakyejul **트위터** twitter.com/sakyejul

© 이남석 2009

이 서적 안에 사용된 Salvador Dali의 작품은 SACK를 통해 VEGAP와 저작권 계약을 맺은 것입니다.
저작권법에 따라 한국 내에서 보호를 받는 저작물이므로 무단 전재 및 복제를 금합니다.

값은 뒤표지에 적혀 있습니다. 잘못 만든 책은 서점에서 바꾸어 드립니다.
사계절출판사는 성장의 의미를 생각합니다. 사계절출판사는 독자 여러분의 의견에 늘 귀 기울이고 있습니다.
이 책은 저작권법에 따라 보호받는 저작물이므로 무단전재와 무단복제를 금합니다.

ISBN 978-89-5828-355-3 43180

자아
놀이
공원

이남석 지음

사□계절

차례

- 등장인물　6

이팔청춘, 자아를 찾아 나서다　9
프로이트의 빙하 놀이관　15
빙하 놀이관에 다시 들어가다　53
희망을 주는 전시　73
스키너의 입체 게임관　91
미확인 비행 물체 전시관의 세 사람　104
매슬로의 피라미드관　128
에릭슨의 서바이벌 게임장　149
가슴 떨리는 미션　182
만남과 이별　198

- 저자 후기　210
- 참고 자료　216

등장인물

✻ **지크문트 프로이트(Sigmund Freud)**
애초 생리학자로 활동했으나, '무의식'을 발견하여 정신분석학을 창시했다. 인간의 행동과 문명의 현상을 새롭게 설명한 사상가이자 철학자로도 활동했다. 20세기 사상과 문화에 커다란 영향을 준 사상가로 널리 알려져 있다. 이 책에서는 빙하 놀이관의 설계자로 나와 주인공 남상준에게 숨겨진 인간의 마음에 대해 알려 준다.

✻ **트리나 폴러스(Trina Paulus)**
작가로 널리 알려져 있지만, 조각가, 여성운동가, 환경운동가로 다양하게 활동했다. 이 책에서는 주인공 남상준을 자상하게 이끌어 주는 어머니와 같은 안내자로 나온다.

✻ **부루스 프레더릭 스키너(Burrhus Frederic Skinner)**
심리학의 발전뿐만 아니라 사회 시스템 전반에 커다란 영향을 준 심리학자로 널리 알려져 있다. 『월든 2』를 쓴 작가이기도 하며, 조건화 상자나 강화 기계를 만든 발명가이기도 하다. 이 책에서는 입체 게임관의 설계자로 나온다.

✻ **카를 구스타프 융(Carl Gustav Jung)**
분석심리학자로 널리 알려져 있다. 그렇지만 의사, 정신분석학자, 종교 철학자, 신화 연구가 등으로 다양하게 활동했다. 이 책에서는 미확인 비행 물체 전시관의 설계자로 나온다.

✻ **에드워드 윌슨(Edward O. Wilson)**
사회생물학의 창시자로 유명하다. 인간이 동물과 마찬가지로 유전자에 의해 통제된다고 주장해 큰 파장을 일으켰다. 개미를 연구하는 생물학자이고, 퓰리처상을 두 번이나 받은 작가이기도 하다. 이 책에서는 마음의 본질에 대해 융과 논쟁을 벌인다.

※ 존 투비(John Tooby)
세계적인 진화심리학자로 유명하다. 현재 미국 샌타바버라에 있는 캘리포니아대학교 진화심리학센터 공동 소장이자 교수이다. 인류학자, 생물학자로도 활동했다. 이 책에서는 융과 윌슨의 논쟁을 중재한다.

※ 에이브러햄 매슬로(Abraham Maslow)
심리학자, 철학자, 종교 연구자로 활동했다. 그 중 욕구 위계설을 제안한 심리학자로 널리 알려져 있다. 이 책에서는 피라미드관의 설계자로 나와 주인공 남상준에게 설계의 원리를 알려준다.

※ 에릭 에릭슨(Erik Erikson)
자아심리학을 크게 발달시킨 심리학자로 널리 알려져 있다. 그렇지만 화가 지망생으로 유럽을 방랑하기도 했고, 퓰리처상을 받을 정도로 좋은 작가이기도 했다. 즉 앞서 소개한 사람들과 마찬가지로 여러 자아 정체성을 지니고 있다. 이 책에서는 서바이벌 게임장의 설계자이자 게임의 지도자로 나온다.

※ 남상준
실제보다 더 나이 들어 보이는 외모를 지닌 10대 남학생으로, 전투기 조종사가 꿈이며 자칭 준프로 게이머이다. 우리의 주인공 남상준은 소심한 데다가 겁도 많으면서 성질은 급하다. 그러나 아직 뭐라고 말하기 힘든, 앞으로 더 많은 자아 정체성을 만들어 나갈 기회가 열려 있는 사람이다. 자아 놀이 공원을 방문한 다음에는 친구들이 놀리는 것처럼 '남'의 상준이 아니라, '자신'의 상준이 되기 위해 노력하고 있다.

이팔청춘, 자아를 찾아 나서다

　열여섯 살. 내 나이는 별명도 많다. 이팔청춘. 고등학교 1학년. 옛날 같았으면 벌써 장가가서 상투 틀 나이. 하지만 그렇게 말하는 사람조차 아직 어리다고 얕잡아 보기 쉬운 만만한 나이. 그러면서 이제 다 컸으니 인생을 좀 책임 있는 자세로 살라고 어른들이 말하기 딱 좋은 나이. 그래서 열심히 머리를 굴려 제법 진지하게 고민한 뒤 예전에 좋아했던 음악이나 그림, 춤 같은 것을 더 깊이 공부하고 싶다고 말하면 이런 말이나 듣기 쉬운 나이.

　"어머, 얘가 미쳤나 봐. 그걸 이제 배워서 경쟁이 될 것 같아? 네 나이가 몇 살인데? 그걸 하는 애들은 지가 뭐하는지도 모르는 아주 꼬맹이 때부터 거기에 '올인'한단 말이야. 넌 너무 늦었어."

곰곰이 생각해 보면, 열여섯 살은 어떤 때는 어리다고, 어떤 때는 벌써 다 컸다고 맘대로 갖다 붙이는 나이가 아닌가 싶다. 그래서 어른들은 아이가 열여섯 살이 되면 이때가 아니면 언제 또 써먹겠느냐는 기세로 틈날 때마다 나이를 들먹이는 것이 아닐까? 마치 유효 기간이 적힌 놀이 공원 자유이용권이라도 얻은 것처럼 말이다.

어른들이 그렇게 자유이용권의 본전을 뽑는 사이 나는 그만큼 손해를 보는 기분이 든다. 그냥 다 겪어 보고 생각해서 하는 말이니 묵묵히 쫓아오면 된다고 하지만, 정말 내가 지금 겪고 있는 것을 어른들이 다 겪었을 것 같지는 않다. 어른들에게도 열여섯 살은 있었겠지만 숫자만 똑같은 열여섯 살이었을 뿐, 그들이 나인 것은 아니지 않은가.

내 입에서보다 다른 사람의 입에서 더 많이 나오는 숫자. 그러다 보니 열여섯 살은 내 나이이지만 정작 나는 내 나이가 아닌 것 같다. 거울에 비친 내 모습을 봐도 그렇다. 어떤 때는 서른 살이라고 해도 고개가 끄덕여질 것 같은 표정을 하고 있다. 실제로 엄마와 다니면 남동생이냐는 소리를 들을 때도 있다. 아직도 창창한 내가 삼촌 나이로 보인다니. 정말 절망이다.

뭐 그래도 심각하게 따지고 들지만 않으면 그다지 불행한 것도 아니다. 어쨌든 시간은 가게 되어 있으니까. 결국 어른이 될 테니까. 그래서 이 상황을 벗어날 날이 언젠가는 올 테니까. 이렇게 생각하며 위안을 삼는다. 대부분 효과가 있다. 그래서 살

만하다. 가끔 이유 없이 가슴이 빽빽하고, 밤에 천장이 눈썹 바로 위까지 쑥 내려앉는 것 같은 기분이 드는 것만 빼고 말이다. 정말 왜 그런 기분이 드는지 모르겠다.

여하튼 어떤 때는 견딜 만하다 싶다가도 답답하다. 뒤죽박죽이다. 그냥 신나게 놀면 좋겠는데, 게임도 찔끔찔끔 하고 애들과도 찔끔찔끔 놀지만 성적은 비실비실거리고, 시험 성적표가 나올 때마다 부모님 앞에서 땀을 삐질삐질 흘리게 되는 상황만 반복하고 있다. 이게 문제라고 말해도 어른들은 순서를 뒤집어 말한다. 성적이 좋아지면 생활도 재미있어지고 더욱 신나게 놀게 될 것이라고. 꽃 축제가 한창인 봄이고 예전 같으면 주말이라고 가까운 곳에 나들이라도 갔을 것이다. 그런데 공부해야 한다면서 부모님은 아무런 계획도 잡지 않았다. 고등학교 1학년이니까 더 늦기 전에 놀아 줄 수도 있을 텐데 말이다.

그래서 일요일에도 할 수 없이 집에서 따분하게 텔레비전이나 보고 있었다. 그런데 '자아 놀이 공원'이 세계 최초로 한국에서 개관한다는 뉴스가 나왔다. 미래 과학 기술을 체험하는 전시관이 있는 것처럼, 자신의 자아를 가지고 즐겁게 노는 체험 놀이 공원이 생겼다는 내용이었다. 그런데 뉴스를 듣던 아버지가 코웃음을 쳤다.

"아니, 자아를 가지고 어떻게 놀이 공원을 만든다는 거야? 자아가 무슨 갖고 노는 장난감 같은 건 줄 아나?"

아버지는 눈살을 찌푸리며 입을 쩍쩍 다셨다. 아버지는 그리고 입을 굳게 다물었다. 아버지의 모습을 보자 윤리를 가르쳤던 선생님이 문득 떠올랐다. 선생님은 『윤리와 사상』 교과서 1단원에 있는 '자아 발견과 자아실현'을 가르치면서 이렇게 말했다.

"너희들 인생이 뭔지 아니? 하긴 공부하느라 바쁜데, 그런 것에 대해 생각할 시간이나 있겠냐?"

선생님은 교과서를 손바닥으로 툭툭 치며 말했다.

"여기 나온 것처럼 결국 자아 발견과 자아실현을 하기 위해 사는 거야. 알았냐?"

선생님은 '미운 네 살'이나 '죽이고 싶은 일곱 살', '질풍노도의 시기', '주변인', '자아 정체성의 혼란', '중년의 위기' 따위가 모두 자아 때문에 나온 말이라고 했다. 그만큼 자아라는 게 청소년기뿐만 아니라 전 생애에 걸쳐 찾기도 힘들고 통제하기도 힘들다며 꼭 청소년기에 자아 정체성을 확립해야 한다고 강조했다.

하지만 정작 선생님은 교과서 내용에 대한 요점 정리만 할 뿐, 더 자세히 설명하지 않았다. 다만 중간에 뭔가를 이야기하려다 말고 입을 쩍쩍 다시기만 했다. 아버지나 선생님과 같은 어른들은, 상대방이 모르는 복잡한 것이 많이 있다는 표시를 할 때면 입을 쩍쩍 다시자고 약속이라도 한 모양이다.

그때는 교과서 진도를 빨리 나가기 위해 선생님이 그렇게 수업을 한 것이라 생각했다. 하지만 아버지와 선생님이 똑같은 반응을 보이자 이런 생각이 들었다.

'혹시 어른들도 먹고살기 위해 바쁘게 일하다 보니 그게 뭔지 생각해 볼 시간이 없어서 모르는 것이 아닐까? 자세히 알지 못하니 괜히 아는 척 입을 다시면서 얼버무리는 것은 아닐까?'

나는 아버지에게 자아가 정말 무엇이냐고 묻지 않았다. 지난 16년간의 인생 경험으로 볼 때 내가 어떻게 해야 할지 알기 때문이다. 어른들은 자신보다 훨씬 어린 사람이 자신이 잘 모르는 것을 집요하게 물어보면 다른 꼬투리를 잡아서 혼내야 한다고 약속이라도 한 것처럼 행동한다. 그러니 괜히 질문을 해서 손해를 볼 필요는 없었다.

그래도 나는 자아가 무엇인지, 그리고 자아를 체험할 수 있도록 만들었다는 놀이 공원이 어떤 모습일지 궁금했다. 그래서 인터넷을 뒤져 자아 놀이 공원 개관 이벤트에 응모했다. 이벤트 참여는 왜 자아 놀이 공원을 이용하고 싶은지 써서 보내면 되었다. 나는 이렇게 써서 보냈다.

정말 자아실현이 인생에서 가장 중요한 것이면, 어른들이 아이들에게 더 자세히 이야기해 줘야 한다고 생각한다. 중요한 과목에 더 시간을 들이는 것처럼. 그리고 학원에서 속성반을 운영하는 것처럼. 방학 때 교육 캠프를 열어 일부러 가르치는 것처럼. 아니 뭐가 되었든 수능 과목처럼 꽉 잡아 준다는 곳이 하나쯤 있어야 하는데, 주변을 둘러봐도 그런 곳은 하나도 없다. 하지만 자아 놀이 공원이 이런 문제를 해결해 줄 새로운 돌파구가 될 것 같아 기대된다. 꼭 이벤트에 당첨되어서 다른 사람보다 먼저 자아 놀이 공원에서 색다른 경험을 하고 싶다.

쥐구멍에도 볕 들 날 있다고 했던가. 응모한 지 2주 뒤 내 이름으로 등기 우편이 도착했다. 편지를 뜯어 보니 귀빈 초대장이 한 장 들어 있었다. 일반 개관일 하루 전에 공원을 개방하는 프리미엄 개관일에 초대된 것이다. 우리 가족은 지극히 평범한 내가 개관 기념 귀빈 초대 명단에 들어간 것을 믿을 수 없어 했다. 물론 믿기지 않기는 나도 마찬가지였다. 놀이 공원으로 전화를 해서 초대 사실을 확인할 정도였다. 사실이었다. 나는 혹시 초대장에 찍혀 있는 바코드가 망가져서 입장을 못 하게 될까 봐, 얼른 그대로 봉투에 넣고 잘 꺼내 보지도 않았다. 물론 같은 이유로 친구들에게도 보여 주지 않았다. 초대장은 어느덧 내 생애 최고의 보물이 되어 버렸다.

프로이트의 빙하 놀이관

드디어 개관일. 들뜬 마음으로 버스를 타고 놀이 공원으로 갔다. 놀이 공원은 아주 넓은 벌판에 들어서 있었다. 그곳에는 나무도 많고, 꽃도 많고, 자동차도 많고, 무엇보다도 사람이 가장 많았다. 나는 프리미엄 개관일에 초대받는 손님은 특별한 사람들일 거라고 생각했다. 그래서 나와는 부류가 다른 사람들일 것 같았다. 하지만 전혀 그렇지 않았다. 나처럼 평범해 보이는 사람들이 대부분이었다.

사람들은 차에서 내리자마자 들뜬 마음을 가라앉히지 못하고 앞 다퉈 정문 쪽으로 빠르게 걸어갔다. 그 모습을 보자 불현듯 초대받은 손님이 많아서 줄 서는 시간이 더 길어지지 않을까 하는 생각이 들었다. 남에게 뒤질세라 나도 뛰다시피 정문 쪽으로 걸어갔다.

그런데 놀랍게도, 아니 허무하게도 놀이 공원의 정문은 너무 넓었다. 전혀 줄을 서서 기다릴 필요가 없었다. 바코드가 찍힌 초대장을 펼친 채로 붉은빛이 나는 정문을 통과하면 그만이었다. 정문을 지나자 바로 안에 서 있던 직원이 활짝 웃으며 이렇게 말했다.

"자아~ 놀이 공원에서 맘껏 놀아 보세요."

직원이 입에 대고 말한 마이크가 왕왕거려서인지 자신도 벅차오르는 마음을 숨기지 못해서인지 '자아'가 아니라 '자(아)~'라고 하는 것처럼 들렸다. 그 덕분에 기분이 더 좋아졌다. 정문에서 왼쪽으로 난 길을 따라 좀 더 안으로 들어가자 깜짝 놀랐다. 우와! 나도 모르게 감탄사가 튀어나왔다. 어느 곳에서도 볼 수 없었던 신기한 모양의 건물들이 많이 들어서 있었다.

기념으로 사진부터 열심히 찍었다. 그렇게 몇 분을 보내고 나서 겨우 정신이 들었다. 사진 찍느라 시간을 낭비할 것이 아니라, 어서 빨리 직접 경험해 보고 싶었다. 가장 가까운 건물 앞으로 종종걸음을 쳤다.

맨 처음 선택한 곳은 빙하 놀이관이었다. 입구에 서 있는 여자 직원에게 초대장을 내보였다. 직원이 늑대 모양의 회색 털옷을 입고 있어 꼭 늑대인간 같았다. 직원의 손에는 아주 날카롭고 긴 늑대 손톱까지 달려 있어서, 초대장을 건넬 때는 내 손이 덜덜 떨렸다. 하지만 직원은 복장과 어울리지 않게 상냥한 웃음

프로이트의 빙하 놀이관

을 지어 보였다. 그게 더 기괴한 느낌을 주었다. 직원은 눈을 가늘게 뜨면서 이렇게 말했다.

"오늘은 특별 개관일이어서 같은 시설도 여러 번 이용하실 수 있습니다. 저희 빙하 놀이관은 특히 여러 가지 캐릭터를 선택할 수 있어서 여러 번 이용해도 재미있게 놀 수 있도록 설계되어 있답니다."

그때만 해도 나는 직원이 무슨 말을 하는지 몰랐다. 나는 처음에 빙하 놀이라고 하기에 그냥 얼음 미끄럼틀을 타거나, 커다란 수영장에 빙하 모양의 배를 띄워 타고 노는 것을 상상했다. 그런데 직원의 말을 들어 보니 내 상상과 전혀 다른 빙하 놀이가 될 것 같아 더 궁금해졌다.

내가 빙하 놀이에 대해서 더 자세한 것을 물어보려는 순간 직원은 리모컨 버튼을 눌렀다. 무빙워크로 되어 있는 입구 바닥이 움직이기 시작했다. 그 덕분에 나는 그대로 놀이관 안으로 들어갈 수 있었다.

"아, 잠깐만요. 아직 들어가고 싶다고 확실히 말한 것이 아닌데 이러면 어떡해요."

내가 소리쳤지만, 직원은 더욱 명랑한 목소리로 말했다.

"감사합니다. 재미있게 즐기세요. 쿨~쿨~"

내 사정은 들어 보지도 않고 정해진 구호를 외치는 모습에 기분이 나빠졌다. 놀이 공원마다 손님을 더 즐겁게 하기 위해서 그 나름의 구호가 있기 마련이지만, 정말 생뚱맞은 구호였다. 빙하 놀이라서 시원하니까 영어의 쿨(cool)을 쓴 것인가? 그러기에는 끝이 좀 나른하게 늘어졌다. 꼭 깊은 잠에 든 사람의 숨소리처럼 말이다. 여하튼 억지로 끌려 들어가는 것 같아 생각할수록 기분이 좋지 않았다. 이렇게 무지막지하게 입장을 시키는 놀이관이라면 왠지 안 좋은 일이 벌어질 것 같았다.

놀이관 안은 나무숲으로 꾸며져 있었다. 그리고 어두웠다. 늑대인간이 불쑥 나와서 나를 덮칠 것 같은 음침한 기운마저 느껴졌다. 바지 주머니에 넣어 놓았던 휴대폰을 꺼내 들었다. 밝은 액정 화면을 보는 순간 엄마에게 전화를 할까 하는 마음이 들었다. 그런데 이 상황을 뭐라고 설명한단 말인가. 어린이집에 처음 온 아이가 적응을 못 해서 데려가 달라고 하는 것처럼 보일까 쪽팔렸다. '거봐, 넌 아직 어린애야.' 하는 엄마의 말이 머릿속을 빙빙 맴돌았다. 고개를 흔들었다. 그래, 조금 더 지켜보자. 나 자신을 타이르며 마음을 다잡았다.

휴대폰을 횃불처럼 들고 주변을 비췄다. 진한 녹색의 나뭇잎 밖에 보이지 않았다. 가끔 다른 것보다 더 길게 뻗은 나뭇잎이 내 어깨를 날카롭게 스쳤다. 휴대폰 액정으로 주변을 비추지 않았다면 늑대인간과 같은 괴물의 손톱인 줄 알고 깜짝 놀랐을 것이다. 나뭇잎이 스칠 때면 정말 휴대폰이 횃불이었으면 하고 바랐다. 그러면 늑대인간이든 뭐든 확 지져서 물리칠 수 있을 텐데.

무빙워크가 스르르 멈췄다. 머리 위에 있는 스피커에서는 방송이 나왔다.

"이제부터 출구를 찾아 앞으로 걸어 주세요. 멋진 시간이 기다리고 있을 것입니다."

엄마가 아이를 타이르는 것과 같은 아주 부드러운 여자 목소리였지만, 그래도 나는 불안했다. 주변은 여전히 어두웠고, 이런 상황에서 함부로 움직이다가는 다칠 것 같았다. 나는 스케이트를 타는 것처럼 조심스럽게 발을 앞으로 살살 밀면서 걷기 시작했다.

어느덧 나무숲이 끝나고 밝은 색 조명이 있는 거울 방에 다다랐다. 거울 방은 미로처럼 구불구불 여러 갈래로 갈라져 있었다. 더구나 벽과 천장이 온통 거울로 되어 있고, 물결처럼 흘러가는 듯한 조명의 색깔마저 천천히 바뀌어서 혼란을 더했다. 파란색에서 빨간색으로, 다시 빨간색에서 파란색으로 흘러가듯 바뀌었다. 거울과 조명은 눈을 홀려 공간에 대한 감각을 잃어버리게 만들었다. 또 무엇이 진짜이고 무엇이 거울에 비친 가짜인지도 헷갈렸다.

거울에 비친 내 모습들도 모두 나 같지 않았다. 오목 거울 앞에서는 내 모습이 홀쭉한 모래시계 같아 보였고, 볼록 거울 앞에서는 훨씬 뚱뚱한 오뚝이 같아 보였다. 거울 방을 지나다닐수록 거울 안에는 내 모습이 아니라 나와 비슷한 다른 모습들이 나타났다. 어떤 때는 내 모습이라기보다는 그냥 잔잔히 흐르는 물결처럼 보이는 거울도 있었다. 어떤 거울은 눈에 뻑뻑하게 뭐가 끼인 것처럼 흐릿하게 보이기도 했다.

아예 내 얼굴과 전혀 다른 모습으로 나오는 거울도 있었다. 심지어 여자의 모습으로 말이다. 나는 거울이 아니라 유리를 대고 저편에서 내 행동을 흉내 내는 배우가 장난을 치는 줄 알았다. 그래서 얼굴을 일부러 두 손으로 가리고 손가락 사이로 보았다. 그렇지만 눈을 가렸어도 행동은 그대로 똑같이 따라 했고, 내 손에는 매니큐어까지 칠해져 있었다. 내가 여자라니! 하긴 그다음에는 놀랄 일이 더 많았다.

거울은 내 안에 있는 또 다른 자아와 내가 의식하지 못하는 욕망의 모습을 보여 주는 것일까? 거울 중에는 내가 아닌 다른 사람의 그림자를 비추는 것도 있었다. 어떤 여자의 그림자가 보였는데 가슴은 크고 허리는 잘록하며 엉덩이는 둥그스름했다. 얼굴이 보일 리 없는데도 머릿속으로는 이미 내가 좋아하는 가수의 모습이 떠올랐다. 그런데 그 모습이 점점 내가 짝사랑하는 시연이의 얼굴과 겹쳐졌다. 여자의 그림자는 계속 흐느적거렸다. 알 수 없는 묘한 느낌이었다.

한참 빠져들고 있었는데, 거울을 비추던 조명이 꺼졌다. 그리고 다른 방의 불이 켜졌다. 나는 발걸음을 옮겼다. 그런데 그 방으로 들어서자 조명이 깜빡깜빡했다. 깜빡이는 조명과 함께 어디선가 불길한 기운이 다가와 내 몸을 감쌌다. 조명이 밝았다가 어두워지는 짧은 사이에 내 앞에 사람 얼굴이 나타났다 사라지는 것처럼 느껴졌다. 순간 두려움에 머리털이 곤두섰다. 그러나 다시 보니 아무 것도 보이지 않았다. 휴~. 나도 모르게 고개를 숙이고 숨을 내쉬었다. 그런데 다시 고개를 드니 눈앞의 거울에 늘어진 얼굴 마스크가 보였다. 귀신 영화에서나 볼 법한 무서운 마스크를 보자 깜짝 놀랐다. 나는 거의 반사적으로 사자의 아가리에서 벗어나는 토끼처럼 거울 방에서 뛰쳐나왔다.

헉헉. 거울 방에서 나왔지만 가슴은 여전히 콩닥콩닥 뛰고 있었다. 숨을 고르면서도 거울 방 쪽은 쳐다보지도 않았다. 그렇지만 머릿속은 온통 거울 방에서 있었던 일들로 가득 찼다. 무서운 것이 나를 쫓아와 혼내 줄 것 같은 생각도 들었다.

"이제 2단계를 지났습니다. 마지막 3단계 미로를 지나면 빙하 놀이를 하실 수 있을 것입니다."

다시 방송이 나왔다. 나는 소리를 고래고래 질렀다. 그렇지만 아무 반응이 없었다. 힘만 더 빠졌다. 바닥에 화살표 불빛이 나왔다. 그 불빛을 따라 걸으며 맨 마지막에 거울 방에서 본 마스크를 떠올려 보았다. 그런데 그 마스크에서 점점 아버지의 얼굴과 비슷한 점이 떠올랐다. 아니, 다시 떠올려 보니 확실히 아버지의 얼굴이었다. 초대권을 보내면서 아버지까지 조사했을 리는 없을 텐데, 이상했다. 어찌된 일인지 나중에 꼭 물어보리라 다짐했다.

화살표가 멈춘 곳에 동굴이 나왔다. 동굴 입구를 지나서도 바닥에는 여전히 화살표가 보였고, 흐릿한 주황색 조명이 있어 그나마 사물을 분간할 수 있었다. 동굴 벽에는 그림이 드문드문 붙어 있었다. 꼭 원시 시대의 동굴 그림을 보는 것 같았다. 나는 휴대폰을 켜서 가까이 대어 그림을 자세히 살폈다. 그림의 내용은 아주 다양했는데, 그중에 몸집이 큰 사람에게 채찍으로 얻어맞는 조그만 사람의 그림이 있었다. 처음에는 노예를 그린 것인가 싶어서 대수롭지 않게 넘겼는데, 걸음을 떼고 나서도 이상하게 그림이 머릿속을 떠나지 않았다. 왠지 내가 유치원 다닐 때 아버지한테 회초리로 세게 맞은 기억이 떠올랐다. 그때 아버지는 내가 돈을 훔쳤으면서도 훔치지 않았다고 거짓말을 한다며 나를 막 때렸다.

"아빠는 네가 돈을 훔쳐서가 아니라, 거짓말을 한다는 것 때문에 더 화가 나. 네 나이 때면 한번쯤 돈을 슬쩍할 수도 있어. 아빠도 그랬으니까. 하지만 거짓말하는 것은 용서할 수 없어."

나는 하늘에 맹세코 절대로 훔치지 않았다. 그러나 아무리 진실을 말해도 소용 없었다. 나중에 아버지 지갑에서 몇 천 원을 슬쩍한 적은 있지만, 그때는 정말 아니었다. 따지고 보면 나중에 진짜 아버지 지갑에서 몰래 돈을 꺼낼 때 용기를 낼 수 있었던 것도 그때의 경험 때문이었다. 처음에는 떨렸지만, 막상 결심을 하고 나자 저금한 것을 찾는 기분마저 들었다. 어차피 혼난 것, 이걸로 비기는 거라는 생각이었다.

이런 옛날 일을 떠올릴수록 괴로웠던 상처들이 새록새록 되살아났다. 그리고 아까 본 그림 속 조그만 사람의 얼굴이 더 친숙하게 느껴졌다. 그러면서 더 불쌍하게 느껴졌다. 그다음에 마주친 동굴 그림에는 한 사람만 남겨 놓고 다들 재미있게 놀고 있는 모습이 그려져 있었다. 초등학교 3학년 때 반에서 계집애 같다고 왕따를 당했던 일이 떠올랐다. 너무도 속상해서 그길로 엄마를 졸라서 태권도를 배웠다. 나는 괜히 태권도복을 입고 다니며 아이들 앞에서 발차기 연습을 하기도 했다. 대련하다가 발이라도 접질리면 붕대를 무릎 아래까지 감고 학교에 가서 자랑스럽게 무용담을 지어내기도 했다.

다 잊고 있었던 옛날 기억이 그림을 하나하나 볼 때마다 떠올랐다. 무빙워크를 타고 나무숲을 지날 때는 무서워서 가슴이 콩닥거렸지만, 이제는 뭔가가 계속 가슴을 콕콕 찌르는 것 같았다. 이곳에서 빨리 벗어나고 싶었다. 그러나 동굴은 여러 갈래로 계속 나눠지고, 그때마다 두려움을 느끼며 선택을 해야 했다. 그러기를 십여 분. 출구는 쉽게 찾아지지 않았다.

"젠장! 빙하 놀이라더니 이건 완전히 미로 찾기잖아."

짜증이 났다. 하지만 화를 낸다고 달라질 것은 없었다. 차라리 눈을 감아 버렸다. 아까 봤던 그림과 어릴 적 내 모습이 계속 눈앞에 어른거렸다. 다시 눈을 떴다.

그런데 문득 미로 속이 어렴풋하게나마 더 잘 보이기 시작한다는 것을 깨달았다. 어두컴컴한 극장에 들어갔을 때처럼 시간이 갈수록 눈이 어둠에 익숙해져서 그런가 보다고 생각했다. 특히 그림 주변은 더 밝았다. 새로운 그림을 본 나는 소스라치게 놀랐다. 마귀할멈이 웅크리고 있었던 것이다. 놀란 가슴을 가라앉히느라 연거푸 심호흡을 했다.

〈마귀할멈과 귀부인〉.

'여긴 유령의 집이 아니야. 빙하 놀이관이라고.'
나는 자신을 타일렀다. 그리고 나서 이번에는 휴대폰으로 빛을 비춰서 다시 그림을 자세히 봤다. 그런데 그림이 다르게 보였다. 스카프를 머리에 쓴 귀부인이 자신의 오른쪽으로 고개를 돌리고 있는 것만 같았다. 같은 그림도 전혀 다르게 보이다니 신기했다. 그리고 그 이유가 무엇일까 궁금했다. 곰곰이 생각해 봤다. 그 결과 마귀할멈으로 봤을 때는 내 마음이 불안할 때였고, 귀부인으로 봤을 때는 그나마 내 마음이 좀 더 편할 때였다는 사실을 깨달았다.

에셔, 〈원형 극한 IV(천국과 지옥)〉, 1960년.

벽에 다른 그림이 붙어 있지 않을까 싶어 더 찾아보았다. 아까보다 더 재미있는 그림이 있었다. 하얀 부분을 보면 천사가 보이고, 검은 부분을 보면 박쥐처럼 날개를 펼친 악마가 보였다. 신기했다. 동굴 속에서 난생 처음 보는 그림들을 보자니 꼭 꿈속의 세상을 걸어다니는 느낌이었다. 그림에 정신이 팔려 나아가다 보니 어느덧 밝은 빛이 비치는 출구가 보였다. 그림들이 미로의 출구를 가리키는 일종의 암호였던 셈이다. 방금 전까지만 해도 빨리 출구를 찾고 싶었지만, 막상 재미있는 그림들과 작별하려니 아쉬웠다.

모든 것이 마음을 어떻게 갖느냐에 달려 있다더니, 어느덧 미로도 그렇게 무섭거나 답답하게 느껴지지 않고 그런대로 편했다. 그래도 그곳에서 계속 머물 수만은 없었다. 놀이 공원에는 아직 가 보지 못한 곳이 너무나 많았다. 나는 밖으로 나가기로 결심했다. 출구의 문은 아주 낮고 좁았다. 그래서 갓난아기처럼 한껏 웅크려 기어서 나갈 수밖에 없었다. 어두운 미로에서 밝은 빛을 따라 나오니 눈이 부셨다. 눈이 저절로 감겼다.

"우선 이드의 옷을 입으시지요."
　어떤 사람이 다가와 내게 말을 걸었다. 나는 겨우 실눈을 뜨고 그를 쳐다보았다. 빙하 놀이관 표시가 새겨진 옷을 입고 있는 것으로 봐서 직원임을 알 수 있었다. 그는 하얀색 우비와 장화, 마스크로 몸을 가리고 있었다. 머리부터 발끝까지 하얀색으로 휘감은 그는 나에게 검은색 우비를 주었다. 우비는 제법 두꺼운 비닐로 되어 있었다. 검은 복면과 검은색 장화도 줬다. 복면은 영화에서 도둑들이 쓴 것처럼 눈과 입만 뚫려 있었다.
"자, 빨리 입고 저와 함께 가시지요."
　다짜고짜 옷을 입으라니, 뭘 어쩌라는 거야? 나는 불만이 가득 찬 눈으로 직원을 쳐다봤다. 그는 내 마음을 눈치 챘는지 이렇게 말했다.
"이것을 입고 저 안으로 들어가시면 아주 재미있을 것입니다. 약속드리지요."

직원은 자기 무전기를 켜서 내 귀에 대었다. 무전기에서는 아이들이 즐거워 내뱉는 비명 소리와 어른의 웃음소리가 쏟아져 나왔다. 그제야 나는 서둘러 옷을 챙겨 입었다.

"그런데 이 놀이 시설은 어떻게 이용하면 되나요?"

직원은 웃으며 내 질문에 대답했다.

"그냥 본능적으로, 느끼는 대로 행동하면 됩니다. 하고 싶은 대로 맘껏 하세요."

말을 마치자마자 그는 잠수함 문에 달린 것과 같은 커다란 손잡이를 열심히 돌렸다. 그리고 머뭇거리는 나를 안으로 살짝 밀어 넣었다. 나는 마치 엄마에게 등 떠밀려 처음 학교에 간 아이와 같은 기분이 들었다. 왠지 오줌이 마려웠다. 안은 어두컴컴했다. 아까 들었던 아이와 어른의 시끄러운 소리는 온데간데없었다. 조금 무서웠다. 그때 여기저기서 문소리가 들리며 사람들이 들어오는 것이 보였다. 내가 들어온 것처럼 등 떠밀려 들어오는 모양이 좀 우스꽝스러웠다. 모두 일흔 명은 되는 것 같았다. 마지막 한 명이 들어오자 바로 불이 켜졌다.

"우와!"

누구랄 것도 없이 탄성을 질렀다. 우리 앞에는 어마어마한 크기의 빙하가 물 위에 떠 있었다. 빙하의 맨 꼭대기에서는 누군가 커다란 조명으로 여기저기를 비추고 있었다. 꼭 감옥에서 탈출하는 죄수를 찾는 것처럼. 하긴 우리가 입고 있는 시커먼 옷이나 복면을 보면 도둑이 따로 없었다. 그리고 하나같이 가슴에

프로이트의 빙하 놀이관

'이드'라는 이름표까지 달고 있으니, 차라리 집단 탈옥을 하려는 죄수라고 하는 게 더 어울렸다. 이런 생각을 하자 배시시 웃음이 나왔다.

바로 그때 갑자기 환한 불이 꺼지고, 실내에는 아주 옅은 주황색 네온 불빛만 비쳤다. 옆 사람도 겨우 형체만 알아볼 정도로 어두웠다. 어떤 남자의 목소리가 스피커에서 흘러나왔다.

"지금부터 제한된 시간 안에 빙하 꼭대기에 맨 먼저 오르는 분에게 원하는 것은 뭐든지 가질 수 있는 상을 드리겠습니다."

그 말을 듣고 나는 크게 웃을 뻔했다.

'원하는 것은 뭐든지 가질 수 있는 상이라니, 유치하게 그런 걸 1등 상으로 내거냐?'

나는 빙하를 기어오르기는커녕 손 하나 까딱하지 않았다. 다른 사람들도 마찬가지였다. 자동차나 100만 원 상품권, 놀이 공원 20년 무료 이용권 같은 구체적인 상품을 걸었으면 믿을 수 있었다. 하지만 '원하는 것은 뭐든지 가질 수 있는 상'은 너무 범위가 넓어서 믿음이 가지 않았다. 내 옆 사람이 크게 소리 질렀다.

"원하는 것은 뭐든지 가질 수 있다면, 아파트도 줍니까?"

옆 사람의 터무니없는 질문에 다른 사람들은 모두 크게 웃었다. 하지만 스피커에서 흘러나오는 목소리의 주인공은 아주 진지하게 대답했다.

"물론입니다. 원하신다면 뭐든지 가질 수 있습니다."

이쯤 되자 슬슬 화가 났다. 장난이 좀 지나치다는 생각이 들었다. 그때 다른 사람이 소리를 질렀다.

"저는 연예인을 애인으로 갖고 싶은데, 그럼 그것도 상으로 줄 수 있습니까?"

사람들은 이번에는 아까보다 작게 웃었다. 스피커에서는 담담한 목소리가 흘러나왔다.

"그럼요. 제가 확실히 약속드립니다. 만약 저희가 약속을 지키지 못한다면 여기 놀이 공원을 다 드리겠습니다. 놀이 공원의 소유주만 돼도 부자가 되실 것입니다. 법적으로도 끝까지 제 말의 책임을 지겠습니다."

빙하를 맨 먼저 기어오르면 아파트를 가지거나 연예인을 애인으로 둘 수 있고, 놀이 공원의 주인도 될 수 있다니 정말 허무맹랑하기 짝이 없는 이야기였다. 빙하 열 개, 아니 백 개, 천 개를 오른다면 또 모를까 고작 하나를 올랐는데 그런 상을 주다니 믿을 수 없었다. 그러나 아무리 허무맹랑해도 진지하게 반복해서 말하자, 조금씩 사실이 아닐까 하는 마음이 들기 시작했다. 꿈도 나중에 깨고 나면 황당한 것이라도, 계속 같은 내용을 꾸다 보면 현실인지 아닌지 잘 구별되지 않는 것처럼 말이다.

첨벙. 어떤 사람이 물로 뛰어드는 소리가 들렸다. 잠시 뒤에 사람들이 앞 다투어 물에 뛰어들기 시작했다. 나도 내가 가장 원하는 것이 무엇인가 고민하기도 전에 다른 사람을 쫓아 물로 뛰어들었다. 물에 뛰어들자 검은 우비가 저절로 부풀어 올랐다.

구명조끼가 따로 필요 없었다. 그러나 옷에 감춰져 있던 첨단 기능에 놀랄 겨를도 없었다. 이미 빙하를 오르기 시작하는 사람들이 눈에 들어왔다.

어푸어푸. 물이 얼마나 깊은지 모르고 열심히 수영하다 보니 오래지 않아 빙하에 도착했다. 벌써 50명 넘게 빙하에 도착해 있었다. 빙하에서는 야릇한 소리가 흘러나왔다. 고양이 울음소리 같기도 하고 남녀가 뒤엉킬 때 내는 소리 같기도 했다. 소리는 빙하를 기어 올라갈수록 더 커졌다. 그런데 잘 들어 보니 밖에서 들려오는 소리가 아니라 마치 내 몸 안에서 울려 나오는 소리 같았다. 아니, 나뿐만 아니라 그곳에 있는 모든 사람의 몸 안에서 울려 나오는 듯했다.

사람들은 빙하의 꼭대기에 먼저 오르기 위해 서로 짓밟고 올라가고 난리도 아니었다. 나 또한 내 다리를 잡는 사람을 발로 뻥 차 버리고, 내 앞에 있는 사람을 끌어당겼다. 무조건 남을 이겨야겠다는 마음으로 열심히 기어 올라갔다. 예의나 남에 대한 배려 같은 것은 없었다. 모든 사람이 자신들이 원하는 것을 얻기 위해 그냥 기분 내키는 대로 행동하고 있었다. 무전기를 가진 직원이 본능적으로 움직이면 재미있을 거라고 한 말이 무엇인지 이해가 되었다. 오직 지금 당장 나에게 기쁨을 주냐 아니냐 하는 것만을 기준으로 판단했다.

서로 밀고 당기는 난리 속에서 옷이 찢어지거나 벗겨지기도 했다. 때로 은밀한 속살이 보이기도 했다. 어떤 여자는 팬티 차

프로이트의 빙하 놀이관

림으로 벗겨진 바지를 찾고 있었다. 또 여러 사람의 몸이 뒤엉키면서 접촉도 잦았다.

이런 상황은 야릇한 상상을 자극했다. 얼마 전 나는 버스 안에서 가끔 보는 내 짝사랑 시연이와 키스를 나누고 시연이의 몸을 막 더듬는 꿈을 꾼 적이 있었다. 그날 나는 결정적인 순간에 잠에서 깼다. 팬티는 차갑게 젖고 있었다. 나의 첫 몽정이었다. 그때를 생각하면 내가 나 같지 않고 낯설다. 그렇다고 그렇게 기분 나쁜 것은 아니었다. 야릇한 기분이 들면서 뭔가가 나를 잡아끄는 것 같은 느낌이 들었다. 이런 생각을 떠올리며 야한 상상을 계속하게 되었다.

그때 갑자기 저쪽 위에서 커다란 웃음소리가 들려왔다. 웬 웃음소리일까? 나는 홀린 듯이 소리가 나는 쪽으로 열심히 기어갔다. 그곳은 여태까지 본 것보다 경쟁이 더 치열했다. 사람들은 두세 겹으로 겹쳐서 올라가고 있었다. 가까이 가자 비명을 지르며 위에서 아래로 떨어지는 사람들도 보였다.

사람들을 짓이기다시피 하며 정신없이 위로 올라가다 보니 드디어 웃음소리를 내는 사람의 코앞까지 갔다. 그곳은 아주 밝았다. 웃음소리의 주인공은 어마어마한 거인이었다. 아래에서 볼 때는 전혀 빛이 보이지 않았는데 중간에 이렇게 밝은 곳이 있다는 사실에 얼떨떨했다. 게다가 기괴한 거인까지 있다니! 거인의 손은 웬만한 아저씨의 허벅지 같았고, 손가락 하나의 길이가 30센티미터는 되는 것 같았다. 검은 고글 같은 것을 눈에 쓰고 있었는데, 눈동자는 빨간빛을 내고 있어 으스스했다.

거인은 상체를 기울여 빙하를 기어 올라오는 인간을 손으로 집어 올려 여기저기 훑어보고는 밖으로 던져 버렸다. 위를 올려다보니 그런 거인이 저기 위로도 까마득하게 있었다.

'이 무시무시한 곳을 어떻게 뚫고 올라가야 하지?'

덜컥 무서워진 나는 그 자리에 얼어붙어 버렸다. 하지만 뒤에서 올라오는 사람에게 밀려 앞으로 가야만 했다. 그때였다. 뭔가가 내 등을 확 잡아채는 것 같았다. 난 곧 그게 뭔지 알았다. 아까 봤던 기분 나쁜 빨간 눈동자의 거인이 내 눈을 들여다보고 있었다. 거인은 나를 들어 올리고 여기저기 살폈다. 그리고 휙 아래로 내던졌다.

풍덩. 정신을 차리고 보니 어두운 물에 둥둥 떠 있었다. 내가 어디서 떨어졌는지 보이지도 않았다. 거인이 있는 곳에서 새어 나오던 빛은 아예 보이지도 않았다. 다시 빙하를 기어 올라갈 엄두가 나지 않았다.

"처음부터 불가능하다는 걸 아니까, 원하는 것은 뭐든지 상으로 준다고 그랬던 거야. 저 거인을 뚫고 올라갈 수 있는 사람은 아무도 없을 거라고. 쳇, 이건 사기야."

모두가 나를 속였다는 생각에 기분이 너무 나빠졌다. 혼자 원통해 하는 사이에 조그만 배가 다가왔다. 거기에는 나를 안으로 밀어 넣었던 하얀 옷을 입은 직원이 타고 있었다. 그는 내게 새로운 옷을 내밀었다.

"이것을 입어 보세요. 거인의 눈에 띄지 않고 위로 올라갈 수 있을 거예요."

나는 화가 머리끝까지 치밀어 올라 고함을 내질렀다.

"아니, 장난하는 거예요? 이건 내가 입고 있는 것과 색이나 모양이 똑같잖아요."

하얀 옷을 입은 직원은 단호하게 말했다.

"아닙니다. 달라요. 이번 것은 짙은 남색입니다. 그리고 지금 입고 있는 것은 번들거리지만 이것은 그렇지 않아요. 우리에게는 별 차이가 없는 것 같아 보여도 거인을 뚫고 지나가는 데에는 효과가 있을 겁니다."

나는 싫다고 했지만, 직원은 계속 나를 부추겼다.

"한 번 더 가 보세요. 자기 자신을 변장하고 적진에 잠입하는 스파이라고 생각하시면 됩니다."

내가 물속에서 옷을 갈아입기 싫다고 하자, 직원은 그렇다면 잠깐 배에 올라 옷을 닦고 짙은 남색 방수 페인트를 새로 칠해 주겠다고 했다. 나는 토라진 아이처럼 말대꾸도 하지 않고 아예 몸을 돌렸다. 그러자 직원은 무전기에 대고 내가 알아듣지 못할 암호를 댔다.

곧 다른 배가 나에게 다가왔다. 그 배에는 하얀 원피스를 입은 여자 직원이 타고 있었다. 하얀 얼굴에 흰 다리, 웃을 때 보이는 하얀 이, 분홍색 입술, 아주 크고 검은 눈동자. 바로 내가 꿈꾸던 이상형처럼 생긴 직원이었다. 어쩌면 빙하 놀이관에 이르는 미로의 거울 방에서 봤던 그림자의 주인공일 수도 있겠다는 생각을 했다. 여자 직원이 환하게 웃으며 내게 손을 내밀었다. 나는 마법에 걸린 것처럼 그 손을 잡았다.

여자 직원은 커다란 수건으로 내 몸, 아니 내 옷을 구석구석 다 닦아 주었다. 그리고 나서 커다란 붓에 페인트를 적셔 내가 입고 있는 옷 구석구석에 발랐다. 붓이 내 옷을 미끄러지듯 움직일수록, 오줌을 다 누지 못하고 중간에 화장실에서 나온 것과 같은 느낌이 더 강해졌다. 참을 수 없어 신음 소리를 냈다. 여자 직원이 빙긋이 웃었다. 그 순간 내 거기가 확 쪼그라드는 느낌이 들었다. 여자 직원이 특수 약품을 뿌리자 페인트가 재빨리 마르며 색이 완벽하게 입혀졌다. 어느덧 내 옷은 남자 직원이 아까 내밀었던 옷처럼 되었다.

여자 직원은 직접 보트를 몰아 빙하 아래까지 나를 데려다 주었다. 그리고 내게 힘내라고 말하며 악수를 청했다. 손을 조심스럽게 잡아 쥐는데 내 손을 스치는 그녀의 손톱이 아주 단단하고 날카롭다는 느낌이 들었다. 묘한 느낌이었다. 사람의 것이라기보다는 꼭 맹수의 것처럼. 그 순간 막연히 불안해지면서 일단 그 자리를 피하고 싶었다.

나는 배에서 내려 다시 빙하를 오르기 시작했다. 물에 빠졌던 다른 사람들도 새 옷을 얻어 입고 올라오고 있었다. 나는 아까와 마찬가지로 속도를 냈다. 하지만 이번에는 달랐다. 처음처럼 그냥 무작정 행동하는 것이 아니라 효과적으로 거인을 뚫고 지나갈 방법을 생각하면서 빙하를 올랐다.

먼저 거인의 시선을 끌지 않는 것이 중요했다. 그래서 나는 다른 사람들과는 다르게 얌전히 움직였다. 그러다 재수가 없어 거인에게 들키면 어떻게든 협상해 보리라 결심했다. 만약 거인이 나를 위로 올라갈 수 있게 도와주면 나중에 내가 받는 상을 반으로 나눠 주겠다는 식으로 말해 보자는 꾀를 내기도 했다. 스멀스멀 뱀처럼 사람들 사이를 미끄러져 가듯이 빠져나가며 빙하를 기어올랐다. 첫째 층의 거인이 다른 사람을 잡고 실랑이하는 사이 나는 둘째 층으로 기어 올라갈 수 있었다. 둘째 층까지 올라온 사람이 나까지 열 명 정도 되었다. 시간이 흐르면서 나처럼 꾀를 냈기 때문인지, 아니면 하얀 옷의 직원이 말한 것처럼 새로 페인트를 칠한 옷이 효과를 발휘한 것인지 알 수 없지만, 거인을 통과한 사람이 생각보다 많았다. 하지만 동서남북으로 나눠 감시하는 거인의 손에 열 명 중 네 명이 잡혔다.

나는 전략을 바꿨다. 계속 슬금슬금 기어가는 것으로는 승산이 없었다. 온 힘을 다해 최고 속도로 몸을 움직였다. 그 순간 거인의 손이 나를 덮쳤다. 하지만 겨우 내 장화를 잡았을 뿐, 내 몸은 쏙 빠져나왔다. 약이 오른 거인은 내 뒤를 바짝 따르던 다른 사람을 잡고 휙 던져 버렸다. 나는 운이 좋았다고 생각하며 안도의 한숨을 내쉬었다. 하지만 나는 셋째 층의 거인이 이 모든 모습을 내려다보고 있다는 것을 까맣게 몰랐다.

나는 몸을 낮추고 호흡을 가다듬었다. 마치 아파트 베란다에

매달린 도둑과도 같았다. 맨발인 오른쪽 발을 감추려 바지를 아래로 끌어내렸다. 그리고 구멍 난 양말을 신었을 때처럼 발가락에 힘을 한껏 줘서 앞으로 당겨 발을 덮었다. 나는 다시 위로 올라가기 시작했다. 그러나 오래지 않아 거인의 손에 잡혔다. 이번 거인은 이제껏 보았던 어떤 거인보다 훨씬 더 컸다. 나는 기가 질려 아무 소리도 입 밖으로 내지 못했다. 이제 끝이구나 싶었다. 그런데 거인은 어쩐 일인지 나를 바로 집어 던지지 않았다. 그 대신 나를 자세히 살폈다. 게다가 나에게 질문을 하기까지 했다.

"넌 누구냐?"

갑작스러운 질문에 놀란 나는 더듬거리며 내 이름을 말했다.

"남상준입니다."

거인의 빨간 눈동자가 잠시 까매졌다. 자세히 보니 눈의 렌즈가 바뀐 것이었다. 마치 안경원에 갔을 때 도수를 맞추려 여러 렌즈를 바꿔 낄 수 있게 되어 있는 검안 장치처럼, 눈 주변에 동그랗게 여러 렌즈가 있는 장비가 달려 있었다. 어떻게 보면 옛 서부 시대 연발 권총의 몸통 같아 보였다.

거인은 손으로 턱을 괴었다. 눈을 감고 생각에 잠긴 듯했다. 뭔가 속으로 한참 따져 보더니 거인이 입을 열었다.

"네 이름이 여기 출입 허가 명단에 없으니 어쩔 수 없구나."

거인은 내 등을 움켜쥐었다. 나는 거인에게 죽기 살기로 매달려 최후의 수단으로 거짓말을 했다.

"다시 찾아보세요. 아까 제가 말한 것은 제 별명이에요."

그러고 나서 나는 그나마 확률을 높이고자 우리 반에도 두 명이나 있는 흔한 이름을 댔다. 거인은 다시 명단을 살펴본 뒤에 입을 열었다.

"오호. 네 이름이 여기 있구나."

거인의 말을 듣고 나는 너무도 좋아 소리를 지를 뻔했다. 이렇게 큰 거인이라면 최종 관문이 확실하다고 생각했다. 이제 거인을 통과해 올라가면 1등 상은 내 차지가 되겠구나 하며 속으로 콧노래를 불렀다.

"그러나 그 이름의 주인이 진짜 너인지 확인해야겠구나."

나는 움찔했다. 이름이 그 사람을 나타내 주는 것이긴 하지만, 그 사람이 곧 이름은 아님을 속으로 따질 사이도 없었다. 거짓말임이 드러나면 어떤 벌을 받을지 생각하니 덜컥 겁이 났다. 나는 내가 댄 흔한 이름의 주인공이 누구인지 전혀 감을 잡을 수도 없었다. 다만 두루뭉수리하게 대답해서 통과되기를 바랄 뿐이었다. 나는 내 성별부터 밝혔다.

"저는 남자예요."

"그래 남자인 것은 맞구나. 그럼 너는 몇 살이냐?"

내 나이를 밝히자 거인이 고개를 갸웃했다. 직업을 말할 때는 더더욱 고개를 심하게 가로저었다. 고작 나이와 직업만 적당히 밝힌 것인데도 명단에 있는 실제 주인공과는 차이가 많이 나는 듯했다. 평상시에는 사람들이 다 비슷하다고 생각했는데 조금만 따져 봐도 그렇지 않다는 것을 느끼며, 자포자기하는 심정으로 머릿속에 생각나는 것은 모두 입 밖으로 내 보았다. 결과는 어쩌면 뻔한 것이었는지도 모른다.

"네 이 녀석! 감히 내게 거짓말을 하다니."

거인은 화를 냈다. 그리고 커다란 손가락으로 우악스럽게 내 가슴을 문질렀다. 그러자 짙은 남색 페인트 밑에 감춰져 있던 '이드'라는 글씨가 드러났다. 이름표를 확인한 거인은 더 생각할 것도 없다는 듯 나를 아래로 던져 버렸다. 아까보다 더 아득한 추락이었다.

첨벙. 다시 어둠이 가득한 물속이었다. 그런데 이제는 오기가 생겼다. 더 멋진 변장, 더 치밀한 준비로 빙하 꼭대기를 정복해야겠다고 굳게 마음먹었다.

다시 빙하를 오르기 위해 다가갔다. 그런데 저 하늘 위에서 조명이 물 위를 비추기 시작했다. 탈주범을 찾는 것 같은 아주 크고 둥그런 조명이었다. 조명이 비추는 곳에서 헤엄을 치는 사람들, 빙하를 오르는 사람들의 모습이 아주 잘 보였다. 그리고 신기하게도 조명을 받으면 그들의 옷이 투명하게 되었다. 검은 옷이 마치 투명 비닐 같아서 알몸이 그대로 드러났다. 깜짝 놀란 사람들은 조명을 피하려고 여기저기로 숨었다. 물속으로 잠수를 하기도 하고 조명이 비추지 않는 곳을 찾아 재빨리 몸을 움직이기도 했다. 조명은 이따금 레이저 쇼를 할 때처럼 글자가 나타나기도 했다. 정해진 암호인 것처럼 숫자와 영어가 섞인 글자가 나오면, 거인의 움직임이 그에 따라 분주해졌다.

빙하 위에 있는 조명은 커다란 눈 같았다. 나는 조명의 위치에서 아래를 내려다보는 상상을 했다. 커다란 빙하를 기어오르는 무리들, 열심히 그 무리를 물리치는 거인들. 특히 구석구석 이드의 모습을 비추는 조명. 이렇게 전체를 놓고 생각하자 거인을 도와주려 조명이 비춰진다는 생각이 강하게 들었다. 어쩌면 단순히 도와주는 게 아니라 거인에게 어떤 이드를 잡아야 할지 조명이 지시하는 것인지도 모를 일이었다. 아니면 이드에게 어떻게 움직여야 할지 그 방향을 확인할 수 있도록 비춰 주는 건지도 몰랐다. 여하튼 조명 덕분에 이드와 거인의 모습이 더 극적으로 보이는 것만은 확실했다.

돌연 빙하 놀이관 전체가 밝아졌다. 그리고 스피커에서 안내방송이 쩌렁쩌렁 나왔다.

"시간이 다 되었습니다."

직원들이 보트를 타고 다니며 사람들을 실어 날랐다. 밖으로 나오는 사람들 모두 고개를 절레절레 흔들었다. 꼭 이상한 꿈을 꾸고 나온 것 같았다. 눈앞의 빙하를 다시 쳐다봤다. 내가 겪은 것이 하나의 빙하라는 사실이 믿기지 않았다. '이드'라는 이름표를 붙인 사람들의 치열한 전쟁터, 그 위 밝은 곳에 사는 거인들, 그리고 저 위 하늘에서 이 모든 것이 있는 아래를 비추는 밝은 조명. 왜 그렇게 층이 나뉘어 있는지도 알 수 없었다. 여태까지 경험하지 못한 것임이 틀림없지만, 그렇게 재미있는 놀이라는 생각은 안 들었다. 오히려 모든 요소가 너무 복잡하게 얽혀 있어 어리둥절하고, 신경질마저 났다. 그저 여기서 나가고 싶었다. 그래서 다음 코스로 안내해 주겠다는 직원을 뿌리치고 옷을 갈아 입은 뒤 혼자 비상구로 나갔다.

"도대체 뭐가 뭔지 모르겠네."

불만스러운 마음에 나도 모르게 말을 내뱉었다. 재미있게 자아를 체험할 수 있는 놀이 공원이라더니 복잡하기만 하고 이해되지 않는 것들뿐이었으니 말이다.

"무엇을 모른다는 건가?"

고개를 들어 보니 비상구 밖에 한 남자가 서 있었다. 혼자서 생각에 빠져 걷다 보니 주위에 누가 있는지 미처 알아채지 못했던 것이다. 그 남자는 재미있다는 듯한 표정으로 나를 보고 있었다.

"내가 도움을 줄 수 있을 것 같은데 말이야. 나는 이 놀이관의 설계자이지."

이 놀이관의 설계자라고? 나는 남자에게 이런 괴상한 놀이관이 자아를 체험하게 해 주는 것과 무슨 상관이냐고 따져 물었다.

"성질이 급하구먼. 이곳에서 벌어지는 일은 인간의 마음속에서 벌어지는 일에 대한 비유라네. 천천히 내 말을 들어 보게."

박사는 나를 달래며 차근차근 설명했다.

"나는 프로이트 박사야. 오랜 시간 끈질기게 인간의 마음을 탐구했어. 그리고 우리의 마음에는 무의식이 있다는 것을 발견

했지."

박사라는 말을 듣자 인상이 더 안 좋게 느껴졌다. 아는 것이 많다는 것을 자랑하려고 일부러 자신이 박사라고 밝힌 것 같기도 해서 별로 호감이 가지 않았다. 그래서 이렇게 말했다.

"무의식? 혼수상태요?"

"하긴 '없을 무'(無) 자를 쓰는 무의식보다는 '아닐 비'(非) 자를 써서 비의식이라고 해야 더 옳아. 무의식은 나도 모르는 내 마음, 있는지조차 알 수 없는 내 마음이라고 할 수 있겠지."

내가 일부러 삐딱하게 말하는데도 박사는 그다지 신경을 쓰지 않았다. 오히려 그럴수록 신나게 설명했다. 꼭 모르는 것이 있다고 말하면 좋은 질문이라면서 더 신나게 가르치는 선생님처럼 말이다.

"흥미로운 것은 내 마음에는 내가 아는 의식의 세계보다 내가 모르는 무의식의 세계가 훨씬 더 크다는 거야. 그리고 그것은 인간의 행동과 생각을 좌우하지. 마치 빙하처럼. 빙하는 물 위에 보이는 부분보다 물속에 잠긴 부분이 훨씬 더 크거든. 그래서 나는 무의식이 중요하다고 생각해서 인간 마음을 잘 경험할 수 있는 기회를 주고자 빙하 놀이관을 만들었어."

그때만 해도 나는 프로이트 박사가 인간의 마음에 '무의식'이 있음을 발견한 것으로 유명한 사람이라는 것조차 모르고 있었다. 그냥 아는 것이 많은 척 뽐내는 줄 알고 재수 없어 했다. 그런 내 마음도 모르면서 마음에 대해서 다 안다며 말하는 것이

우스웠다. 나중엔 후회했지만. 여하튼 프로이트 박사는 바로 조회 시간에 교장 선생님이 하는 것처럼 이야기하기 시작했다.

"원래 훌륭한 장인은 자신의 작품에 대해서 이러쿵저러쿵 이야기하지 않는 법이지만, 자네가 뭐가 뭔지 모르겠다고 하니 설계의 비밀을 좀 알려 주도록 하겠네. 내가 빙하의 아랫부분을 왜 어둡게 했는지 아는가?"

나는 눈을 끔벅거리며 박사를 쳐다보았다. 비밀을 알려 주겠다며 질문을 하는 것은 대체 어떤 무의식 때문일까 되묻고 싶었다. 하지만 박사가 바로 이어서 이야기를 하는 바람에 기회가 없었다.

"인간의 마음이 빙하라고 한다면, 무의식은 아래에 있는 보이지 않는 세계이니까 어둡게 한 거야. 그리고 무의식은 자네가 역할 놀이를 했던 '이드'가 주로 머무는 곳이기도 해. 이드(id)는 인간의 원초적 본능으로 이루어져 있어. 그러니까 인간의 원초적 본능은 주로 무의식의 세계에 갇혀 있다고도 할 수 있지. 자네가 겪은 일을 떠올려 보게나. 빙하 아랫부분에 있을 때 거인을 만났는가? 아니지?"

그랬다. 나도 모르게 고개를 끄덕였다.

"빙하의 아랫부분, 즉 무의식의 세계에서는 오직 온갖 욕망들이 끓어올라. 자네를 비롯해 이드 역할을 하는 사람들이 서로 짓밟고 난리도 아니었던 것처럼 말이야. 그렇다면 또 질문을 해 보지. 거인들이 사는 곳은 왜 밝게 했는지 아는가?"

왜 그랬는지 대충 느낌이 왔지만 확실히 뭐라고 대답할 수는 없었다.

"거인들이 사는 곳은 인간이 의식하는 세계이기 때문에 밝게 했어. 그곳에서는 원초적 본능이 통제되지. 그래서 자네와 같은 이드들을 획획 집어 던졌던 거야."

박사 말대로 방금 내가 경험한 이드 역할놀이를 곱씹어 보았다. 참가했던 사람들 모두 맹목적으로 자신이 원하는 것을 얻기 위해 빙하 위로 올라갔다. 그러다 거인에게 잡혀 아래로 떨어졌다. '그런데 왜 거인은 이드가 밝은 곳으로 올라가지 못하게 막은 것일까?' 머리를 쥐어짜도 답이 떠오르지 않았다. 그래서 이번에는 내가 질문을 했다. 그러자 박사는 별것 아니라는 듯이 툭 이렇게 대답했다.

"자, 내가 했던 말을 잘 생각해 봐. 원초적 본능이 그대로 나와 버리면 어떻게 될까? 자네가 이드 역할을 할 때 상상하거나 행동했던 것을 떠올려 봐. 그런 짓을 실제 사회에서 한다면 어떻게 될까? 예쁜 여자를 만지고 싶다고 아무나 만졌다가는 경찰차에 실려 가겠지. 그러다 보면 사회도 혼란스러워지고 그런 행동을 한 개인도 손해를 보고 위험해지겠지. 그래서 거인이 이드를 막는 거야. 그런 덕분에 본능은 의식의 세계로 올라가지 못하고 억압된 채 무의식의 세계에 머물게 되지. 뭐 그렇다고 해도 이드가 숨죽여만 사는 것은 아니야. 자네가 이드 역할을 할 때 변장을 해서 다시 올라가려고 하지 않았나? 역전의 용사처럼. 그리고 그 변장이 사회에서 허락되는 것이라면, 거인을 통과할 수 있었겠지."

"에이, 그래도 변장을 한 것이 어느 정도 소용이 있었어요. 속여서 올라갈 수 있었는데……. 결국에는 탈락했지만."

변장을 했을 때 거인이 내게 따져 물었던 것들이 떠올랐다. 나는 뭔가 깨달았다는 생각에 기분이 좋아졌다. 그러나 그것도 잠시뿐, 박사가 다시 질문을 하는 바람에 머리가 무거워졌다.

"그렇다면 이드의 변장이 적합한지 아닌지 누가 결정할까?"

"그거야 거인이지요?"

"아닌데……. 거인을 움직이는 것이 있는데, 그것이 무엇일까? 빙하 놀이관에서 경험했던 것을 잘 생각해 보면 답을 알 수 있을 거야."

으음. 휴우. 내 입에서는 대답이 아니라 다른 소리만 연거푸 나왔다. 시원하게 이야기하고 싶은데, 뜻대로 되지 않으면 으레 나오는 버릇이었다. 박사는 그런 나를 쳐다보며 빙긋이 웃었다. 확실히 박사는 그냥 잘난 체를 하는 것이 아니라, 내 행동이나 말을 보고 뭔가를 해석할 줄 아는 눈치였다. 그래서 더 신경을 써서 조심하게 되었지만 오래지 않아 다시 버릇이 나왔다. 이것도 무의식 때문일까 생각하고 있을 때 박사가 다시 교장 선생님처럼 이야기를 했다. 이번에는 종이에 영어까지 써 가며 설명을 했다. '초자아'(superego)라고.

"오랜 탐구 결과, 나는 인간의 마음이 이드, 자아, 초자아로

이루어져 있다고 생각하게 되었어. 이드는 인간 마음의 가장 큰 부분인 무의식의 대부분을 차지해. 반면 자아는 의식 세계에 있지. 그리고 초자아는 의식의 세계와 무의식의 세계에 걸쳐 있어. 자, 이제 눈치 챘나? 빙하 놀이관에서 조명은 초자아의 역할에 해당되고, 거인은 자아의 역할에 해당돼. 그리고 자네가 방금 역할 놀이를 했던 것은 이미 알고 있다시피 이드이지."

홈쇼핑 상품도 아니고, 인간의 마음을 굳이 3종 세트로 나눠 설명하는 박사의 말이 잘 이해가 되지 않았다. 이미 이드와 거인으로도 충분히 설명될 것 같았으니 말이다. 내가 고개를 갸웃거리자 박사는 그럴 줄 알았다는 듯이 이야기를 이어 나갔다.

"잘 생각해 봐. 네 안에 보면 막 하고 싶은 대로 하려는 아이가 있고, 그것을 반대하는 아이가 있지 않니? 그리고 잘 보면 그 둘 사이를 적당히 타협시키는 아이가 있을 거야. 우리는 흔히 인간의 마음에 천사와 악마가 있어 서로 싸우는 것으로 생각하지. 그러나 사실 천사의 역할은 초자아가, 악마의 역할은 이드가 하는 것이라고 생각하면 돼. 자아는 이 둘 사이에서 조절하는 역할을 하지."

박사는 마음속의 천사와 악마, 그리고 그것을 다 보는 자신을 그린 만화 장면을 이야기하는 듯했다. 그러고 보면 이해되지 않을 것도 없었다. 내가 좀 알아듣는다 싶자 박사는 더 자세히 설명해 줬다.

"초자아는 양심을 담고 있는 그릇이야. 초자아는 부모나 선생님의 규제 또는 사회의 법 같은 것에서 영향을 받아 생겨나지. 그리고 자신의 이상도 포함되어 있어. 현실을 넘어 이상을 이루는 위인이 나오는 것도 초자아가 발달해 있기 때문이야. 초자아는 자아에게 이드를 감시하도록 명령을 내려서 사회 규범에 맞게 생활하도록 만들어."

박사의 이야기를 들으니 인간의 마음을 더 확실히 이해할 것도 같았다. 그런데 왜 빙하 놀이관은 그렇게 혼란스러운 것일까 궁금해서 물었다. 그러자 박사는 혀를 끌끌 차며 대답했다.

"어허. 지금까지 이야기한 것을 무엇으로 들은 거야. 인간 마음의 한 가지 요소인 이드 역할만 해 보고 어떻게 전체 마음을 다 이해하겠어? 혼란스러운 것이 당연하지."

"어차피 세 가지를 다 경험해야 하는 것이라면 처음부터 좀 편한 것을 겪게 하면 저 같은 이용자에게 욕도 덜 들으실 텐데 왜 하필 이드부터 경험하게 하셨어요? 장사를 잘하려면 처음에는 살살 달래는 버전으로 꼬셔야지요."

"허허. 이 친구 말하는 것 보게. 하긴 그래. 빙하 놀이관이 장사라는 생각은 못했지만 이것으로 돈을 벌면 나도 편하게 살고 좋겠지. 그런데 어쩌지? 애초에 잘되기는 틀려먹은 것 같군. 빙하 놀이관은 어쩔 수 없이 이드 역할 놀이부터 해야 해."

"아니 그것은 무슨 고집이래요?"

"내 고집 때문이 아니야. 마음의 발달 순서로 볼 때 이드가 가장 먼저이기 때문이야. 자, 생각해 봐. 갓난아기가 사회의 법에 맞게 행동하려고 할까, 아니면 먹고 자고 마시고 싶은 욕망을 따라 행동할까?"

너무도 쉬운 질문이었다. 질문이 너무 어렵거나 너무 쉬우면 아예 대답을 하지 않는 법. 나는 잠자코 있었다. 그런데도 박사는 마치 내가 아무것도 모르는 사람인 것처럼 정말 자세히 설명해줬다. 아마도 박사가 가장 중요하게 여기는 무의식과 관련된 부분이기 때문이었을 것이다.

"원초적 본능으로 구성된 이드는 그저 쾌락에 따라 움직여. 기쁜 것을 추구하고, 고통을 피하려 하지. 자아는 나중에 성장하면서 발달하게 돼. 아기는 처음에는 이드 덩어리야. 그냥 제 맘대로 똥오줌을 싸는 것만 봐도 잘 알 거야. 그런데 부모가 아기에게 본능대로 똥오줌을 누지 못하게 하면서 자아가 발달하기 시작해. 아무 곳에서나 아무 때나 똥오줌을 싸는 것이 아니라 정해진 장소, 즉 화장실에 가서 일을 보게 만들지. 이때 아기가 본능을 제어하는 훈련을 하게 되는 거야. 그런 과정을 거쳐, 결국 자아는 현실 세계의 규칙에 맞게 본능을 조절하는 역할을 하게 돼. 자아가 발달할수록 흔히 '철들었다'는 말을 하지."

'철들었다'는 말보다는 '고집만 부리는 철부지'라는 말을 더 많이 듣는 나는 차라리 이드 덩어리에 더 가까운 것일까? 요즘 특히 야한 것에 더 관심이 많이 가는 것을 보니 더 그런 것 같기도 했다. 박사는 입을 쩍쩍 다시고는 말을 이었다.

"이제 남은 게 하나이니 뭐가 가장 나중에 발달하냐고 질문하고 말고 할 것도 없겠지. 초자아가 가장 마지막에 발달해. 그런데 중요한 것은 자아나 초자아도 이드에서 에너지를 공급받는다는 사실이야. 그러니 결국 인간의 모든 생각과 행동은 알고 보면 이드라는 바탕에서 나온다는 말이 되지. 그렇게 따지면 인간이 수많은 생각과 행동을 엮어 만들어 낸 찬란한 문명도 이드에서 흘러나온 것이라는 말이 되지."

뭐야? 처음에는 인간의 마음만 말하더니 문명까지. 이대로 놔두었다가는 또 무슨 이야기가 연결되어 나올지 모를 일이었다. 나는 궁금한 것을 먼저 물어보고 싶었다. 빙하 놀이관으로 들어가기 전에 지나야 했던 거울 방과 동굴을 왜 만들었는지 물어보았다. 박사는 껄껄 웃으며 대답했다.

"나의 역작 중 하나이지. 아마 감명 깊었을 거야."

감명 깊었다기보다는 도대체 뭐가 뭔지 몰라 혼란스럽기만 했지만, 대답을 듣고 싶은 마음에 고개를 끄덕였다.

"거울 방과 동굴은 무의식의 세계로 빠져들기 위한 장치였어. 그것을 통해 자신도 잊고 있던, 또는 일부러 의식하려 하지 않았던 일들을 마주 보게 했지. 빙하 놀이관을 체험하기 위한 준비 단계로 무의식의 일부를 꺼내 보여 준 것이라고 생각하면 돼. 그곳에서 자네는 잊고 있던 마음의 오랜 상처 따위를 보았을 거야."

박사의 대답을 듣고 내 머릿속에서는 여러 가지 질문이 생겨났다. 그것이 내 무의식의 일부라는 건가? 거울 방에서 아버지 얼굴이 보인 것은 또 무슨 까닭일까?

"그건 자네의 초자아가 반영된 것이야. 자네 마음의 초자아가 반영되어 아버지 얼굴이 보인 거지. 누구에게나 아버지가 초자아 형성에 가장 큰 영향을 미치거든."

그런데 왜 하필 그때였을까? 짝사랑을 떠올리는 시점에 왜 아버지 얼굴이 무섭게 보인 걸까? 해결되지 않은 의문은 계속 남아 있었다. 무엇보다 자아 발달과 빙하 놀이관의 체험이 무슨 관계인지 아직 분명하지 않았다. 프로이트 박사는 빙하 놀이관에서 자아 역할을 마저 해 보고 나서 스스로 답을 찾아보는 것이 어떻겠냐고 제안했다. 체험 뒤에는 놀이관에서 제공하는 설명도 있으니, 이번에는 그냥 나오지 말고 정해진 코스대로 잘 따라가 보라고 했다.

"자아 역할이 더 재미있을 거야."

이드 역할을 할 때도 들었던 사탕발림이었다. 하지만 이번에는 설계자의 설명을 듣고 들어가니 더 기대가 되었다. 빙하 놀이관으로 다시 들어가는 내 발걸음은 처음보다 훨씬 더 힘이 들어가 있었다.

빙하 놀이관에 다시 들어가다

 직원의 안내를 받아 나는 어떤 캡슐 안으로 들어갔다. 몸을 싣자 캡슐의 문이 천천히 닫혔다. 캡슐 안에는 게임기 조작 버튼과 똑같은 것들이 조종간에 붙어 있었다. 시작 버튼을 누르자 캡슐이 움직였다. 아니, 캡슐이 얹혀 있는 거대한 로봇이 움직였다. 내가 거인을 탄 것이었다.

 조종간에 있는 버튼을 누르고 조종 레버를 움직여 봤다. 그때마다 거인 로봇은 정확히 내 뜻대로 움직였다. 신났다. 어릴 적부터 꿈꿨던 로봇을 직접 조종하게 되다니. 사진을 찍을 수 있다면 한순간도 놓치지 않고 다 찍어서 나중에 다른 사람한테 자랑하고 싶었다. 혼자 신나서 한참 버튼을 누르고 있는데, 모니터에 내가 해결해야 하는 미션이 떴다.

큰 보라색 나비를 빼고 다른 것들은 빙하 위로 올라가지 못하게 하시오.

실수로 보라색 나비를 붙잡으면 그대로 게임이 끝나니 조심하라는 메시지도 나왔다. 황당했다. 나비라니. 이렇게 쉬운 미션이 어디 있을까? 빙하를 기어 올라오는 것은 모두 사람일 테니, 커다란 나비가 있을 리 없었다. 그냥 자세히 보지 않고 떨어뜨려 버려도 될 것이라 생각했다.

미션이 아무리 쉬워도 처음 해 보는 로봇 조종이 너무 재미있을 것 같아 마음에 들었다. 나는 두근거리는 가슴을 가라앉히며 앞으로 나아갔다. 상체를 구부려 아래를 내려다보았다. 아무것도 보이지 않았다. 모니터에 자막이 깜박거렸다.

어두운 곳을 볼 때는 적외선 모드로 전환하시오.

나는 적외선 모드 버튼을 눌렀다. 적외선 카메라가 켜졌다. 아까 거인의 눈동자가 왜 빨갛게 보였는지 이해가 되었다. 적외선 모드 버튼 옆에는 '자동 검열' 버튼이 있었다. 손가락을 갖다 대자, 웹사이트에서 마우스를 갖다 대면 설명이 나오는 것처럼 모니터에 해당 버튼에 대한 설명이 떴다.

검열 지침을 프로그래밍해서 자동으로 검열해 줌. 조명이 비출 때 이 기능 버튼을 누르고 해당 대상을 비추면, 통과 대상인지 아닌지 구별해 줌.

나는 조명이 비출 때 연습 삼아 버튼을 눌러 보았다. 적외선 카메라가 꺼지고 검은색 렌즈가 쓰였다. 다시 버튼을 떼 보았다. 검은색 렌즈가 벗겨지고 다시 적외선 카메라가 작동했다. 아까 이드 역할을 할 때 보았던 거인의 안경원 검안 장치 같은 것이 떠올랐다. 검열 지침이 많을수록 렌즈도 많아지는 것은 아닌가 싶었다. 그러면 무거워서 거인의 고개가 앞으로 저절로 숙여질지도 모를 일이었다. 나는 나와 똑같은 층에 있는 다른 거인의 모습을 살폈다. 아까 봤던 거인보다도 렌즈가 더 많이 있었다. 간단한 미션인 줄 알았는데, 생각보다 복잡한 미션일 수도 있겠다는 생각이 들었다. 하지만 아까 경험도 있고 하니 입장을 바꿔 행동하면 거인 역할도 잘해 낼 수 있을 것이라 마음을 다독였다. 내가 누군가. 공부라면 모를까, 게임이라면 자신감 120퍼센트인 남상준이 아니던가.

어두운 곳에서 뭔가가 꾸물거리고 올라오는 것이 보였다. 나는 빙긋이 웃으며 첫 희생자를 집어 올렸다. 내가 당할 때는 무서웠지만, 입장을 바꿔서 역할 놀이를 하니까 신난다고 속으로 소리를 지르며 말이다.

첫 상대를 자신만만하게 내 눈앞에 가져왔다. 그런데 내 손에 들린 것은 검은 이드 옷을 입고 있는 사람이 아니었다. 괴물이었다. 얼굴은 갈색 바탕에 검은 가로줄무늬가 있고, 부리부리한 눈과 강해 보이는 턱, 날카로운 이빨을 가진 호랑이 같았다. 그러나 몸은 사람이었다. 위협적인 송곳니를 드러내고 으르렁거리는 것이 꼭 내 못된 짓을 벌하러 하늘에서 내려 보낸 악마 같았다. 너무 놀란 나는 손에서 놓쳐 버렸다.

 어두운 곳에서 움직이고 있는 다른 것을 집어 올렸다. 이번에는 고무보트였다. 나는 내 눈을 의심했다. 하지만 여기저기 돌려 가며 봐도 고무보트였다. 적외선 모드가 헛것을 보게 하나 싶어 작동을 멈춰 봤다. 그래도 내 눈에 보이는 것은 검정 고무보트였다. 나는 다시 적외선 모드를 켰다. 고무보트에 조그맣게 분홍색으로 하트 모양이 그려져 있는 것이 보였다. 이번에는 조명이 비쳤을 때 자동 검열 버튼을 눌렀다. 보나 마나 한 결과였지만, '부적격 대상자'라는 자막이 떴다. 그리고 조명에는 '탈락'이라는 두 글자가 크게 새겨졌다. 조명을 조종하는 사람은 모든 정보를 다 알고 관여하는 것 같았다. 여하튼 나는 미련 없이 고무보트를 던졌다.

 다른 것을 들어 올렸다. 이번에는 검정 트럼펫이었다. 불면 힘찬 소리가 날 것 같았다. 덕분에 기분이 좋아졌다. 그러나 내가 찾아야 하는 나비는 아니었다. 이런 식의 일이 계속되었다. 혼란스러웠다. 왜 이런 것일까?

 정신없이 내던지다 보니 어느덧 빙하를 기어오르는 움직임은 하나도 보이지 않았다. 이드 역할을 하는 사람들은 다 어디로 간 것일까? 호랑이 탈을 쓰고 빙하를 기어오를 수 있을지 모르지만, 고무보트와 트럼펫은 어떻게 움직이게 한 것이지? 어떻게 이런 일이 있을 수 있을까? '분명 역할 놀이라고 했는데 사람은

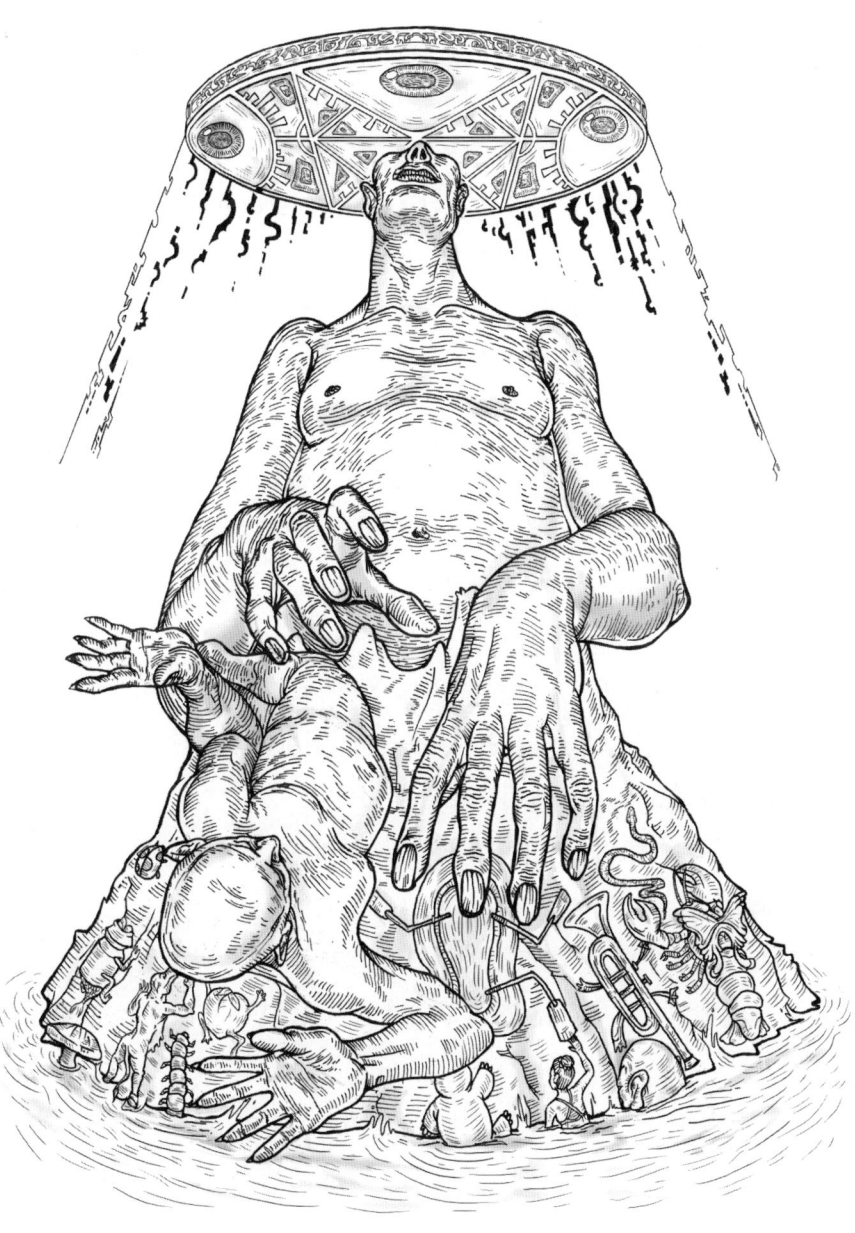

빙하 놀이관에 다시 들어가다

없잖아?' 이런 생각이 빙빙 제자리를 맴돌았다.

　모니터를 다시 켰다. 아래는 밤바다보다도 어두웠다. 아니 물이 있다는 생각조차 하기 힘들 정도로 완전히 검은색이었다. 마치 허공에 내가 떠 있는 것처럼 느껴졌다. 그러면서도 어둠 속에서 불쑥 호랑이 인간이 다시 나타나지 않을까 걱정하는 나 자신이 우스웠다. 허탈한 웃음을 짓다가 번쩍 머리를 스쳐 지나가는 것이 있었다. 그리고 보니 모두 물이 하나도 젖어 있지 않았다. 그렇다면 혹시 내가 이드를 다르게 보는 것은 아닐까? 아니, 더 정확하게 말하자면 이드 역할을 하는 사람이 입은 옷에 원래 모습을 감추는 특수 장치가 되어 있어서 내가 그렇게 보는 것이 아닐까? 아니면 자아 역할을 할 때 쓰는 이 장치들이 주변의 것을 다 왜곡해서 보게 만드는 것일까?

　나는 내가 이드 역할을 했던 때를 떠올렸다. 내 생각이 맞다면, 아마 지금 아래에 있는 사람들은 직원이 건넨 새로운 옷을 입거나 특수 페인트를 칠하고 있을 것이다.

　"변장을 하고 곧 위로 기어 올라오겠지? 이번에 자세히 보면 되겠군."

　나는 자신에게 말했다. 기지개를 크게 켜고 곧 벌어질 일에 대비해 마음의 준비를 했다. 모니터에 미션이 다시 나왔다.

　　큰 보라색 나비를 빼고 다른 것들은 빙하 위로 올라가지 못하게 하시오.

조명이 내 앞을 비췄다. 그러자 어둠 속에서 뭔가가 꿈틀거리는 게 보였다.

"자, 이제 시작이다."

이번에는 꼭 정체를 밝히고야 말겠다는 생각으로 나는 큰 소리로 외쳤다. 스멀스멀 올라오는 것 중 맨 처음 것을 들어 올렸다. 나는 그대로 얼어붙었다. 내 손에 들려 있는 것은 이드 옷을 입고 있는 사람도 호랑이 인간도 아닌 커다란 나비였다. 세상에 이렇게 커다란 살아 있는 나비가 있다니! 보라색이 아니라 진한 파란색인 것만 빼면 미션에서 제시한 나비와 똑같았다. 커다란 나비는 내 손에서 계속 퍼덕거렸다. 그 느낌이 왠지 기분 나빠 손을 놔 버렸다. 다른 것을 잡으려 눈을 돌렸다. 커다란 보라색 물체가 보였다.

'잠깐! 저것은 잡으면 안 되지.'

보라색 물체가 그냥 통과하게 놔 두었다. 하지만 내가 나비라고 생각했던 것은 어이없게도 보라색 하마였다. 다행히 위층에 있는 거인이 하마인 것을 확인하고 떨어뜨렸다. 아까처럼 딱 봐도 한눈에 알 수 있는 검정 고무보트나 트럼펫 같은 것은 거의 없었다. 보라색 나비와 헷갈리는 것들이 대부분이라 신경이 많이 쓰였다. 당연히 구별하는 데에도 시간이 많이 걸렸다. 그런 틈을 노려 위로 기어 올라가는 것들도 많아졌다. 하지만 다른 층에 있는 거인들이 열심히 해 주어, 내 위에서 떨어지는 이드의 숫자 또한 만만치 않았다. 내가 실수하면 그것으로 끝장이라는 부담에서 벗어나자 비로소 게임을 즐기게 되었다.
　이번에 올라오는 것들 중에는 나비 날개를 단 보라색 바다가재가 있는가 하면, 아름다운 보라색 발레 옷을 입은 여자도 있었다. 신기한 가장행렬을 보는 듯했다. 구경하는 것만으로도 신이 났다. 나는 큰 소리로 웃었다. 이러다가 보라색 나비를 만나면 함께 신나게 춤이라도 추고 싶었다. 내가 좋아하는 팝핀을 함께 추는 모습을 떠올렸다. 구체적인 춤 동작까지 생각해 보았다. 나는 어느새 보라색 나비를 찾는 것이 아니라, 함께 무엇을 할 것인가 꿈꾸는 것을 즐기게 되었다. 그러는 사이에 어느덧 게임 시간이 끝나고 말았다.
　자아 역할은 확실히 이드 역할보다 더 재미있었다. 내친 김에 초자아 역할도 해 보았다. 빙하 꼭대기에 있는 전망대에서 조명을 아래로 비췄다. 아래에 움직이는 것들을 잡는 미션이어서 재미있을 줄 알았는데, 생각만큼 재미있지는 않았다. 그냥 엄격하게 정해진 원칙을 지켜야 했기 때문이다. 미션에 맞게 거인 로봇에게 씌울 기본 렌즈 세트를 결정하고, 이드와 자아의 역할을 하는 사람들에게서 올라온 정보와 정해진 지침을 바탕으로 지시를 내려 그것이 조명 속에 글씨로 써지게 하거나, 조명이 비춰지는 방향을 결정하는 것과 같은 일을 했다. 아주 복잡한 일이어서 즐기기는커녕 여러 가지를 모두 종합적으로 통제하느라 힘들기만 했다.
　초자아 미션까지 끝내자 직원은 나를 출구로 안내했다. 출구는 입구처럼 미로로 되어 있었다. 하지만 밝은 조명이 벽을 비추고 있었고, 자동으로 움직이는 통로가 있었다. 그저 발판에 몸을 실으면 되었다. 중간에 갈림길이 나오면 벽에 붙어 있는 모니터에 문제가 나왔다. 문제를 맞히면 계속 가고, 틀리면 다시 전 단계의 갈림길로 돌아가게 미로가 설계되어 있었다. 모니터에 나온 문제는 이런 식이었다.

☐는 이드를 조절하는 역할을 한다. ☐는 본능의 충동을 억제하면서 합리적으로 해소하는 방법을 추구해 현실적 쾌락을 얻는다. 본능을 현실의 제약에 맞게 처리하는 과정에서 ☐가 발달하기도 한다. 그리고 ☐는 본능으로부터 에너지를 공급받는다. 정신분석학의 주요 목적 중 하나는 ☐의 에너지를 더 크게 만들어 정신적인 문제를 스스로 해결할 수 있는 가능성을 높여 주는 데 있다.

나는 '자아'라고 답을 썼다. 특히 '본능으로부터 에너지를 공급받는다.'는 문장을 읽으면서 거인 로봇을 조종할 때를 생각했다. 유쾌한 가장행렬을 보면서 크게 웃고 힘을 냈던 기억이 나자 다시 기분이 좋았다. 모니터에서는 축하한다는 메시지와 함께 다음 내용이 나왔다.

이드는 자아의 감시를 피하고자 제 모습을 변장해서 상징화된 형태로 나타난다. 자아가 공격성이나 성욕과 같이 자칫 부도덕해질 수 있는 본능적 욕망을 사회적으로 용납되는 세련된 형태로 바꾸어 드러나게 하는 것이다. 이것을 승화라고 한다.

예를 들어 미술가는 성적 욕망을 그대로 추구해서 범죄자가 되는 것이 아니라 승화시켜 조각이나 미술 작품으로 바꿔 표현한다. 공격성이 강한 사람은 스포츠를 통해 잔인한 충동을 승화시킨다.

모니터 옆에는 커다란 화살표가 붙어 있었다. 화살표를 따라 안으로 들어가니 방 안에 조각이 하나 놓여 있었다. 조각 아래에는 미켈란젤로의 〈모세 상〉을 축소해서 모사해 놓은 것이라는 알림글이 쓰여 있었다. 조각 앞에 서자 스피커에서 성우가 녹음해 놓은 설명이 흘러나왔다.

"프로이트는 미켈란젤로의 〈모세 상〉을 예로 들어 승화를 설명합니다. 성경에 모세는 화를 잘 내는 다혈질 인간으로 묘사되어 있습니다. 그래서 미켈란젤로의 〈모세 상〉을 언뜻 보면 성경에 묘사된 대로 십계명이 적힌 석판을 막 던지려고 하는 모습을 나타낸 것처럼 보입니다. 그러나 프로이트는 다르게 해석합니다. 모세의 손 모양, 고개와 수염의 방향이 엇갈린 것과 거꾸로 된 석판의 위치 따위를 종합한 결과, 미켈란젤로가 모세를 스스로 자제할 줄 아는 사람으로 형상화했다고 결론을 내립니다.

원래 미켈란젤로는 교황 율리우스 2세의 무덤을 장식하기 위해 〈모세 상〉을 만들었습니다. 왜 하필 모세일까요? 죽은 사람이 교황이니, 그를 기리려 하나님의 대리인인 모세를 선정한 것은 당연해 보입니다. 그런데 미켈란젤로는 기존의 모세보다 더 위대한 모습으로 모세를 형상화하고 싶어 했습니다. 이 부분이 흥미로운 점입니다. 프로이트는 미켈란젤로가 왜 온화한 모세를 형상화했을까 하는 문제에 집중했습니다.

율리우스 2세는 미켈란젤로와 여러모로 성격이 비슷한 사람이었습니다. 다혈질이며, 힘을 숭상하고, 규모가 큰 것을 좋아하고, 상대방의 사정을 보지 않고 일방적으로 밀어붙이는 식으로 꽤 폭력적인 성격을 가지고 있었던 것입니다. 교황은 변덕을 부려서 때때로 예술가를 괴롭혔으며, 그래서 미켈란젤로와 자주 충돌했습니다. 그러나 권력과 신분이 너무도 차이가 났기 때문에 미켈란젤로는 그때마다 자신의 분노와 공격성을 삭여야만 했지만, 때로 그러지 못해서 교황과 마찰을 일으켰습니다. 미켈란젤로는 마땅히 그가 만든 〈모세 상〉처럼 행동해야 했지만, 그와 거리가 멀었던 것입니다.

한편 미켈란젤로

미켈란젤로,
〈모세 상〉, 1516년.

가 더 온화한 모세를 만든 것은 그런 모습을 율리우스 2세에게 바란 탓도 있습니다. 자신의 지시에 무조건 따르기를 바랐던 교황이 미켈란젤로의 의견을 불평이 아니라 예술가의 관점에서 나온 고민의 결과로 받아들이기를 원했던 것입니다. 하지만 교황은 생전에 그러지 않았습니다. 그런 교황의 무덤 장식으로 자제력 있는 모세를 만들어 올려놓음으로써 미켈란젤로는 율리우스 2세가 자신이 생각하는 신의 대리자인 모세와 같지 않았음을 은근히 비난하는 효과를 거두고 있는 셈입니다.

결국 미켈란젤로는 다른 사람에 대한 분노와 자기 자신에 대한 한 차원 높은 충고와 같은 무의식의 욕망을 〈모세 상〉이라는 작품에서 표출하며 충족시키고 있는 셈입니다. 분노를 참을 수 없다며 교황을 독살하거나, 자기 파괴적인 자책을 하지 않고 미켈란젤로는 자기 안의 분노를 바탕으로 깨달음이 조화를 이루는 그 지점을 예술 작품으로 승화시켜 형상화했습니다."

설명을 듣고 나서 〈모세 상〉을 보니 수염이나 옷자락 따위 조각의 부분 부분이 예사롭지 않아 보였다. 같은 욕망이라고 해도 사회가 허용하는 방향으로 분출한다는 것이 얼마나 위대한 결과를 낳을 수 있는지 감탄했다. 보통 욕망을 그대로 드러내면 솔직하다고 이야기한다. 먹고 싶은 것을 먹고 싶다고 하고, 하고 싶은 것을 하고 싶다고 하는 것이 좋다고 한다. 자위도 하고 싶으면 꾹꾹 참는 것보다 그냥 하는 것이 좋다고 한다. 위생적으로 하고, 너무 지나치지만 않으면 욕망을 발산하는 것이 좋다고 한다. 하지만 미켈란젤로의 〈모세 상〉을 보면서 욕망을 꼭 솔직하게 드러내거나 마구 분출하는 것보다 계속 가다듬는 것이 더 멋질 수 있다는 생각을 해 보았다.

나는 프로이트 박사와 이야기 나눴던 것을 떠올렸다. 특히 이드 마음대로 하게 두면 위험에 빠지니까 자아가 중간에서 조율한다는 말이 기억났다. 자아가 자기 자신과 사회에 도움이 되는 식으로 욕구를 충족하도록 하는 것이라면, 나의 자아도 그런 역할을 하고 있는지 생각해 보았다. 나의 자아는 이드와 초자아 사이에서 어떤 역할을 하고 있는 것일까? '19금' 영화를 몰래 볼 때 좀 꺼리게 하는 것, 학교에서 그냥 막가지 않게 하는 것 말고, 정작 나 자신을 위하고 사회를 위해 멋진 것을 만드는 데 나의 자아가 어떤 도움을 주고 있는지 잘 생각이 나지 않았다.

평소 같으면 내가 아직 어리고 미켈란젤로처럼 능력이 없다고 생각하여 휙 넘어갈 수도 있는 문제였다. 그렇지만 프로이트 박사가 털어놓은 설계의 비밀을 듣고 빙하 놀이관을 경험한 탓인지 내 마음의 구조에 대해서 더 깊게 생각하게 되었다. 내 마음속에서 어떤 움직임이 있는지, 그게 다른 사람의 마음과는 어떻게 다른지 답을 찾고 싶었다. 이드 역할 놀이를 할 때 보면 사람들의 본능은 그렇게 다른 것 같지 않은데 어떻게 누구는 길이 남을 작품을 내놓고 누구는 야한 생각만 하다 마는 것인지 궁금했다. 프로이트 박사가 빙하 놀이관의 마지막에는 설명이 있으니

끝까지 꼭 가 보라고 한 말이 떠올랐다. 나는 화살표가 가리키는 곳으로 자리를 옮겼다. 그곳에는 살바도르 달리의 그림이 있었다. 그리고 마찬가지로 음성으로 설명이 나왔다.

"모든 이드가 승화되는 것은 아닙니다. 공격성이나 성적 의미가 남아 탈락되는 이드가 대부분입니다. 예를 들어 콘돔이 고무보트로 모습을 바꾸어도 콘돔의 상징이 남아 있어 자아가 눈치를 챌 수 있다면 탈락되기도 합니다. 한껏 발기해서 딱딱해진 남자 성기가 길쭉한 트럼펫 같은 이미지로 변형되기도 하지만, 개인적으로 의미가 있거나 사회적으로 받아들일 수 있는 가치를 지니지 않는다면 승화라고 할 수 없습니다. 단지 형태를 바꾸는 것에 그칠 뿐입니다.

어떤 사람은 도박을 하고 싶은 마음을 갖고 있었는데 꿈에서 주식 투자를 공부하기도 합니다. 이는 도박에 대한 욕망을 주식 투자로 대신 해소하는 것입니다. 또 시어머니와 갈등을 겪고 있던 며느리는 꿈에서 난데없이 집에 뛰어든 여우를 때려잡아 가정을 지키기도 합니다. 꿈에 등장한 여우가 바로 시어머니이고, 며느리는 시어머니를 '때려잡아' 자신의 욕망을 해소한 것입니다. 이런 식으로 자아가 사회에서 허락되지 않는 이드를 끄집어 올리면 마법처럼 그 형태가 변합니다. 그러나 앞서 예로 든 꿈은 개인의 욕망을 해소한 것일뿐 승화라고 할 수는 없습니다.

살바도르 달리의 작품을 보면 승화가 무엇인지를 알 수 있습

달리, 〈잠에서 깨기 직전 석류 주변을 날아다니는 벌에 의해 야기된 꿈〉, 1944년.

빙하 놀이관에 다시 들어가다

니다. 살바도르 달리는 다음과 같이 꿈에 나온 무의식의 요소를 승화시켜 독특한 작품을 만든 것으로 유명합니다.

작품을 보면 석류가 툭 터지고, 석류와 같은 붉은 색깔의 물고기에서 호랑이가 뛰쳐나와, 아무것도 모르고 여유를 즐기고 있는 여자를 공격하려고 합니다. 거기에 여자의 목을 노리는 칼 꽂은 장총은 매우 위협적으로 보입니다. 뒤에 있는 코끼리의 모습을 보면 아주 위태로워 보이기도 합니다. 여자가 여유롭게 있기 때문에 공격성과 위태로움이 더욱 부각되고 있습니다. 그러니까 만약 여자가 눈을 뜨고 호랑이와 맞서기라도 하는 모습이었다면 느낌은 아주 달랐을 것입니다. 그런데 작품의 제목을 보면 왜 이런 배치가 되었는지 알 수 있습니다.

〈잠에서 깨기 직전 석류 주변을 날아다니는 벌에 의해 야기된 꿈〉. 제목을 중심으로 그림을 분석하면, 여자가 여유 있게 즐기던 잠에서 깨려고 하는데, 석류 주변에 있던 벌이 호랑이가 되어 나타난 것입니다. 즉, 호랑이와 같이 강렬한 위협적인 대상으로. 호랑이만큼 위협적인 물고기가 석류와 똑같은 색인 것을 보면 변형이 어떻게 이뤄졌고, 결국 미술 작품으로 승화되는 데 어떻게 이바지했는지 추적할 수 있어 재미있습니다.

벌의 침은 장총에 붙어 있는 칼로 모양이 바뀌었습니다. 금방이라도 찌를 기세입니다. 그래서 그림 속 다른 요소와 어울려 우리가 무의식적으로 갖고 있는 공격성과 위협에 대한 느낌이 작품에 잘 드러나게 하고 있습니다.

프로이트는 '인류의 문명은 본능의 승화에서 오는 것'이라고 했을 정도로, 승화의 과정을 중요시했습니다."

설명 중 마법처럼 형태가 변한다는 말에 자연스럽게 떠오르는 장면이 있었다. 남을 해치려는 공격성을 가진 이드는 호랑이 탈을 쓴 사람으로 보였을 것이다. 그런데 그의 욕망이 좀 더 정교하게 승화가 되었다면 멋진 경주마 모습으로 형태를 바꾸었을지도 모를 일이다. 문득 이드 역할을 할 때 나는 거인에게 어떻게 보였을까 궁금해졌다. 뱀이었을까? 원숭이였을까? 설마 내가 봤던 커다란 고무보트 같은 것은 아니었겠지? 아냐, 내가 야한 생각을 했던 것을 보면, 확실히 그쪽으로 보였을지도 몰라. 이런 생각을 하니 얼굴이 홧홧 달아올랐다. 부끄러워지는 것을 보니 확실히 내게는 자아가 있나 보다. 차라리 이럴 때는 자아가 없었으면 좋겠다는 생각을 했다. 그런데 자아가 없다면 정말 좋을까?

프로이트 박사의 말대로라면 인간의 마음은 3중 구조이니까 자아가 빠진 마음은 생각할 수도 없다. 물론 무의식이 가장 중요하지만, 그렇다고 자아가 없어도 되는 것은 아니다. 물 속에 잠긴 빙하의 아래가 더 크고 꼭대기는 그 나름대로 멋지다고 해도 그것만 가지고 빙하라고 할 수는 없다. 중간 부분이 없는 빙하가 현실적으로 있을 수 없으니까.

생각해 보면 확실한 것이 하나도 없었다. 자아라고 해서 언제

나 이드가 하고자 하는 것을 무조건 못하게 하는 것도 아닌 것 같고, 이드가 본능이어서 좀 천해 보이지만 마음에 에너지를 불어넣어 멋진 예술도 하게 하니 말이다. 나는 그래도 내 마음을 어느 정도는 알고 있다고 생각했는데, 지금은 어느 하나로만 설명할 수 없을 것 같았다. 마음의 여러 부분이 그야말로 역동적으로 서로 영향을 주고 있다는 느낌이 들었다. 어쩌면 프로이트 박사가 빙하 놀이관을 좀 혼란스럽게 설계한 것도 일부러 그 복잡함을 느끼라고 그런 것이 아닐까?

 이 생각 저 생각 하며 걷다 보니 어느새 나는 출구에 도착해 있었다.

 빙하 놀이관에서 완전히 밖으로 나왔다. 햇살에 눈이 부셔 눈을 질끈 감았다. 누군가 내 어깨를 손가락으로 툭툭 건드리는 것이 느껴졌다. 실눈을 떴다. 마음씨 좋게 생긴 아줌마였다.

"눈이 아픈가요?"

아줌마는 걱정되는 눈빛으로 내게 물었다. 나는 고개를 가로저으며 대답했다.

"눈이 너무 부셔서요. 안에 있을 때는 몰랐는데 빙하 놀이관이 어두웠나 봐요."

"아니면 밖이 너무도 밝은 햇살로 가득하기 때문일 수도 있어요."

아줌마는 웃으며 말했다. 사람의 경험과 시각에 따라서 같은

빙하 놀이관에 다시 들어가다

현상도 전혀 다르게 생각할 수 있겠다 싶었다. 아줌마는 나에게 빙하 놀이관이 어땠냐고 물었다. 나는 너무 재미있었다고 대답했다. 특히 어떤 것이 재미있었냐고 아줌마는 다시 물었고, 나는 여러 역할을 바꿔 가면서 행동하다 보니 모두 재미있었다고 대답했다. 그리고 이렇게 덧붙였다.

"재미도 있었지만, 저 자신의 새로운 면을 많이 보게 되어서 솔직히 얼떨떨하기도 해요."

이드 역할을 할 때의 나, 자아 역할을 할 때의 나는 평상시 생각하던 내 모습과는 달랐다. 그러나 분명 내가 갖고 있는 모습이라는 생각도 들었다. 그런데 어떤 게 진짜 나일까? 예전에 생각했던 나, 지금의 나, 빙하 놀이관 안에서의 나…….

이런 생각에 빠져 나는 아줌마에게 건성으로 인사를 하고 무작정 앞으로 걸었다.

희망을 주는 전시

　빙하 놀이관 출구에서 멀지 않은 곳에 이벤트홀이 있었다. 그곳에서는 특별 전시가 열리고 있었다. 전시 제목은 '여러 가지 변화'였다. 나는 전시라면 따분해서 딱 질색이다. 그런데 밖에 걸려 있는 커다란 나비 사진이 내 발걸음을 멈추게 했다. 빙하 놀이관의 미션에서 잡아야 했던 보라색 나비가 이벤트홀 앞에 떡하니 걸려 있었다. 빙하 놀이관뿐만 아니라 자아 놀이 공원 전체가 꿈속 세계 같았다. 연결이 되지 않을 것 같은 모든 것이 자연스럽게 연결되어 하나의 이야기가 되는 꿈.

　나는 마법에 걸린 듯 이벤트홀 안으로 빨려 들어갔다. 들어가자 바로 제1전시실이 나왔다. 그곳에서는 여러 동식물들이 변화하는 모습을 전시하고 있었다. 씨앗이 나무가 되는 과정, 계란에서 병아리가 부화되는 과정, 세포가 분열해서 몸 안의 여러 신체 기관으로 만들어지는 과정, 얼음이 수증기가 되는 과정을 자세히 보여 주었다. 그중에서 애벌레가 나비가 되는 과정을 담은 그림이 가장 마음에 들었다. 애벌레 그림 밑에는 '변태'라고 쓰여 있었다. 나는 킥킥 웃었다. 변태라니. 바바리맨이 떠올랐다. 그런데 설명판에 변태에 대해 다음과 같이 나와 있었다.

변태는 어떤 물체나 생물의 형태가 달라지거나 달라진 상태를 의미한다. 변태를 하면 새로운 특성이 나오고, 좀 더 복잡한 것이 생겨나는 '질적 변화'가 일어나기도 한다. 다른 말로는 '탈바꿈'이라고도 한다. 영어로는 'transformation', 'metamorphosis'로 표기한다.

변태를 보면서 웃었던 나는 겸연쩍어졌다. 애벌레가 나비가 되는 그림이 다시 눈에 들어왔기 때문이었다. 정말 놀라운 변화였다. 설명판에 강조되어 있는 '질적 변화'라는 말이 더 또렷이 이해되었다. 애벌레일 때는 손이나 발이 없어 몸통을 꿈틀거릴 수밖에 없다. 그런 애벌레에게 자유롭게 날 수 있는 날개가 생긴다는 것은 정말 대단한 질적 변화라는 생각이 들었다.

제2전시실에는 느낌이 다른 그림들이 전시되어 있었다. 새의 깃털이 풍성하게 되는 과정, 공부를 해서 영어 단어를 많이 외우게 되는 과정 따위를 담은 그림이었다. 그중에서 아장아장 걷던 아이가 제대로 걷고 뛰게 되는 과정을 담은 그림이 내 마음에 쏙 들었다. 그런데 이번에 본 그림들 아래에는 모두 '변이'라고 쓰여 있었다. 설명판을 봤더니 다음과 같은 내용이 나와 있었다.

변이는 같은 종류의 물체나 생명체에서 변화가 일어나는 것을 가리킨다. '양적 변화'를 의미할 때 주로 쓴다. 생물학에서는 돌연변이를 가리킬 때 자주 쓰는 말이지만, 일반적으로는 시간에 의한 변화를 뜻하는 '변천'을 가리킬 때도 많이 쓴다. 영어로는 'variation'으로 표기한다.

나는 앞에서 봤던 나비 그림과 아이 그림을 비교해 봤다. 모두 생물의 감동적인 변화를 그린 그림이다. 애벌레가 날게 된 것과 기어다니던 아이가 뛰게 된 것 모두 놀라운 변화임이 틀림없다. 그런데 학문적으로 따져 보면 '질적 변화'와 '양적 변화'로 차이가 난다는 사실이 새롭게 느껴졌다. 신기해하며 구경하다 보니 어느덧 마지막 전시실에 도착했다. 전시실에는 커다란 모니터가 놓여 있었는데, 다음과 같은 내용이 나왔다.

생명체는 질적 변화나 양적 변화,
어느 하나로만 성장하지는 않습니다.
계란에서 병아리가 되는 '질적 변화'를 거쳐,
깃털이 많아지고 몸집이 커져 어엿한 어른 닭으로 되듯이
'양적 변화'도 경험해야 비로소 올바르게 성장할 수 있습니다.

희망을 주는 전시

여러분의 몸도 세포에서 시작한 질적 변화를 거쳐 만들어졌고, 점점 정확도와 세밀함을 늘리는 양적 변화로 성장하고 있습니다.

갑자기 모니터가 꺼졌다가 다시 켜졌다. 그리고 화면에는 다음과 같은 문제가 나왔다.

그런데 여러분의 마음은 어떨까요?
마음도 몸처럼 질적 변화와 양적 변화를 거쳐서 성장할까요?
다음 중에서 맞는 답을 고르세요.

① 질적 변화만 있다.
② 양적 변화만 있다.
③ 질적 변화와 양적 변화 모두 다 있다.
④ 이 질문에 대한 답은 아직 아무도 모른다.

나는 움찔했다. 한 번도 깊게 생각해 보지 않은 문제였기 때문이다. 나는 놀이 공원에 귀빈으로 초대된 사람답게 이 문제를 잘 풀고 싶었다. 전시에서 본 그림뿐만 아니라 예전에 알고 있던 것을 모두 쥐어짜다시피 했다. 초등학교 3학년 때던가, 우리의 마음 중에 자아라는 것이 있는데 그것을 성장시키는 것이 가장 중요하다고 배운 기억이 났다. 그리고 중학교를 거쳐 고등학교 1학년인 지금까지 자아나 정체성에 대한 내용을 간간이 배운 생각이 났다. 그런데 정작 자아가 무엇인지, 자아가 성장하려면 어떤 변화가 필요한지에 대한 답은 쉽게 떠오르지 않았다.

 나는 답을 찾는 데 도움이 될 만한 것이 있을까 싶어 오늘 본 전시를 거꾸로 되짚어 갔다. 그러다 나비 그림 앞에서 걸음이 저절로 멈춰졌다. 배추벌레가 애벌레와 번데기를 거쳐 나비가 되는 과정의 그림은 어린이 과학책에서 많이 봐 온 터라 새로울 것이 없었다. 그런데 오늘따라 다르게 느껴졌다. 빙하 놀이관에서의 미션 때문일까 곰곰이 생각했다. 확실하지는 않지만 그것 때문만은 아닌 것 같았다.

 자아 놀이 공원의 묘한 분위기 때문인지, 나비 그림이 더 특별해 보였다. 눈을 감았다. 노란 나비가 또렷이 머릿속에서 떠올랐다. 그제야 나는 『꽃들에게 희망을』이라는 책의 표지를 생각하고 있었음을 깨달았다. 그 책은 내가 초등학교 6학년 겨울방학 때 삼촌에게 선물 받았던 책이다. 책보다는 차라리 용돈을 더 많이 주기를 바랐던 그때 내 마음이 되살아났지만, 여하튼 중학생이 되면 초등학교 때와 다른 변화 때문에 힘든 일이 많을 거라며 용기를 내라고 했던 삼촌의 말도 기억났다.

 "요즘은 이팔청춘인 열여섯, 인생에서 가장 좋은 때라는 뜻의 '낭랑 18세'라는 말이 무색할 정도지. 공부하느라 청소년기를 힘들게 보내야 하니까. 그래도 이 애벌레 이야기를 통해서 행복이 무엇인지 생각해 보고, 부디 힘을 내서 즐겁게 시간을 보내기 바란다."

나는 그때 삼촌이 한 말을 다 이해하지는 못했다. 다만 삼촌이 아주 의미 있는 말을 한다는 것은 알 수 있었다. 노란 나비를 떠올리자 내가 그때로 돌아가는 느낌이었다.

"아직도 기억하고 있다니."

나도 모르게 중얼거렸다. 그때였다. 갑자기 다른 사람의 목소리가 들렸다.

"좋은 것은 쉽게 잊히지 않지요."

나는 깜짝 놀라 소리가 난 쪽을 쳐다봤다. 아까 빙하 놀이관 앞에서 본 아줌마가 방끗 웃고 있었다. 아까는 정신이 없어 알아채지 못했는데, 가슴에 '안내'라는 이름표를 붙이고 있었고 거기에는 '트리나 폴러스'라는 이름도 쓰여 있었다.

"놀라지 말아요. 아까 꼭 혼이 빠진 사람처럼 전시장으로 들어가기에 걱정이 되어 쫓아온 거니까요."

나는 마음 써 줘서 고맙다고 말했다. 아줌마는 웃음으로 대답을 대신했다. 아줌마는 내가 보던 나비 그림을 잠깐 쳐다보다가 지갑에서 뭔가를 꺼내 내 앞으로 내밀었다.

"나는 나비를 보면 기분이 좋아요. 가슴에 가득 뭔가 아름다운 것이 채워지는 느낌이 든답니다. 그래서 우리 집에서 이 친구를 키우기도 하지요."

아줌마가 보여 준 것은 나비 사진이었다. 꽃을 배경으로 자유롭게 날아다니는 나비 사진을 보니 나도 가슴이 벅차올랐다. 나는 아줌마에게 무슨 나비냐고 물어봤다.

"황제나비예요. 아름답죠?"

아줌마는 집이 미국 뉴저지 주에 있는데, 황제나비는 미국이나 캐나다에서 흔히 볼 수 있는 나비라고 했다. 나는 갑자기 미국에 있는 아줌마가 여기까지 온 이유가 궁금해졌다.

"놀이 공원을 만든 사람들이 나를 여기에 초대했답니다. 세계 최초로 생긴 자아 놀이 공원에 초대받다니 정말 영광스러운 일이지요. 안 그런가요?"

나는 웃으며 고개를 끄덕였다. 그런데 귀빈으로 초대받은 사람이 안내 이름표를 붙이고 있는 것이 이상해 보였다. 어찌된 일이냐고 아줌마에게 물었다.

"이런 귀한 곳에 초대받은 것이 너무도 고마워서 무엇을 하면 좋을까 생각했어요. 고민한 끝에, 나는 이 놀이 공원에 온 손님들이 더 잘 즐길 수 있게 안내해 주는 일을 하기로 했답니다."

아줌마의 말을 듣자 쥐구멍이라도 있으면 들어가고 싶은 마음이었다.

"정말 부끄럽네요. 저는 초대를 받았을 때 그냥 어떻게 하면 신나게 놀까, 놀이 공원에서 논 것을 이야기하면 다른 사람들이 얼마나 나를 부러워할까 하는 것만 생각했거든요. 그래서 여기 들어올 때도 다른 사람들보다 어떻게 하면 빨리 들어올까, 그것만 생각했어요. 그런데 아줌마는 귀빈 중의 귀빈이면서도 다른 사람에게 도움이 될 일부터 생각하셨다니……."

아줌마는 손사래를 치며 이렇게 말했다.

"아유. 별것 아닌데요, 뭘."

아줌마는 나도 기회가 되면 충분히 아름다운 마음을 세상에 펼쳐 보일 수가 있는데 다만 때가 안 된 것뿐이라고 했다. 그리고 이렇게 말했다.

"다른 사람보다 더 잘하고 싶고, 더 잘되고 싶은 마음은 당연해요. 나도 그런 마음이 있는 걸요. 다만 애벌레와 나비에게서 배운 것을 그대로 실천하려고 노력할 뿐이죠."

"애벌레와 나비요?"

"서로를 짓밟고 짓밟히며 어디론가 끊임없이 기어오르는 애벌레들. 그 애벌레들이 그토록 보고 싶어 한 것은 다름 아닌 나비였어요. 작은 줄무늬 애벌레 또한 그 대열에 끼어 무의미한 나날을 보내지요. 하지만 어느 날 깨닫습니다. 바로 자기 자신이 아름다운 나비가 될 수 있다는 사실을 말이에요. 이게 내가 쓴 동화의 내용인데, 고맙게도 이런 단순한 이야기에 많은 분들이 공감해 주셨습니다. 어떤 독자는 내 책을 통해 실제 나비처럼 성숙해져서 행복한 삶을 살게 되었다고 편지를 보내 주기도 했지요."

아줌마가 말한 것은 내가 감명 깊게 본 『꽃들에게 희망을』의 내용이었다. 지은이의 이름도 아줌마와 비슷한 것 같았다. 난 떨리는 가슴을 가라앉히며 아줌마에게 조심스럽게 물었다.

"저, 혹시 아주머니께서 쓰신 책이 『꽃들에게 희망을』인가요?"

아줌마는 부끄러운 듯 소녀처럼 웃으며 고개만 살짝 끄덕였다. 나는 무척 반가워 아줌마의 손을 덥석 잡았다. 그러자 아줌마는 여전히 소녀 같은 웃음을 지어 보이면서도, 내 손을 따뜻하게 감싸 쥐었다.

"너무 죄송합니다. 감명 깊게 읽었는데도 정작 그 책을 쓰신 분의 이름을 기억하지 못해서요."

아줌마는 고개를 천천히 가로저었다.

"아니에요. 내 책을 좋아해 주는 것만으로도 정말 고맙지요. 작가가 쓴 책을 사랑해 주면 곧 작가를 사랑해 주는 것인데, 고작 내 이름을 기억하지 못했다고 서운할 건 없답니다."

아줌마는 괜찮다고 말했지만, 나는 미안해서 쥐구멍이라도 있으면 들어가고 싶었다. 아줌마는 화제를 바꾸려 다른 것을 물었다.

"그건 그렇고, 내 책을 읽으면서 어떤 부분이 가장 마음에 들었나요?"

이번에는 실수하고 싶지 않았다. 자칫 내용과 다르게 말하면 더 죄송스러울 것이니 말이다. 나는 책의 첫 장면부터 하나하나 머릿속에 떠올렸다.

줄무늬 애벌레가 고치에서 깨어난다. 그리고 나뭇잎을 갉아 먹는 것보다 더 나은 일이 있을 것이라 생각하고 길을 떠난다. 길을 가던 애벌레는 다른 애벌레들이 서로 높이 올라가려다 뒤엉키는 바람에 생긴 기둥을 보게 된다. 애벌레들은 기둥 위에 분명 뭔가가 있다고 생각하며 서로를 짓밟으면서 올라가고 있었다. 그 기둥에서 줄무늬 애벌레는 노랑 애벌레를 만난다.

그리고 사랑에 빠진다. 결국 줄무늬 애벌레와 노랑 애벌레는 기둥에서 나와서 행복한 시간을 갖는다. 그러나 줄무늬 애벌레는 여전히 지금의 행복에 만족하지 않고 어딘가 더 나은 삶의 목적이 있을 것이라는 희망을 갖는다. 결국 줄무늬 애벌레는 고민 끝에 다른 애벌레들이 치열한 경쟁을 벌이고 있는 기둥을 찾아 다시 길을 떠난다.

그런데 죽을힘을 다해 꼭대기에 이른 줄무늬 애벌레는 다음과 같은 놀라운 사실을 깨닫는다. 첫째, 꼭대기에는 아무것도 없다는 것. 둘째, 다른 애벌레들은 그 사실을 알고도 숨기고 있다는 것. 셋째, 이런 기둥이 수없이 많다는 것. 이런 사실에 실망한 줄무늬 애벌레가 다시 노랑 애벌레를 찾는다.

그 사이 노랑 애벌레는 답답한 고치 안에 들어가 있었다. 줄무늬 애벌레는 그런 노랑 애벌레가 불쌍했다. 하지만 고통을 용기 있게 받아들인 노랑 애벌레는 화려한 나비로 변신한다. 그리고 줄무늬 애벌레도 노랑 애벌레의 도움으로 고치 안에 들어가 화려한 호랑나비로 변신한다.

나비가 된 두 애벌레는 기둥에 붙어 치열한 경쟁을 벌이고 있는 다른 애벌레들을 안내해서 나비가 되게 한다. 결국 들판은 행복한 나비들로 가득 찬다. 그와 더불어 자신의 생명인 꽃씨를 퍼뜨릴 기회, 즉 희망이 많아진 꽃들도 행복하게 된다.

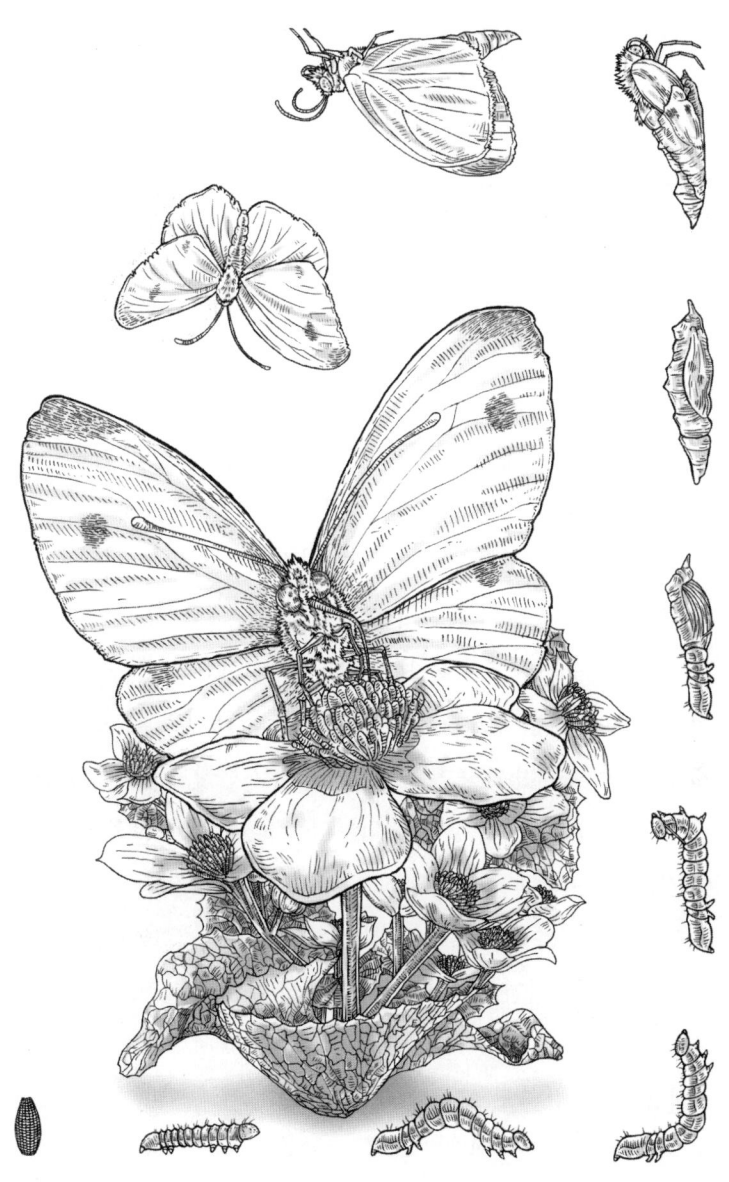

희망을 주는 전시

나는 눈앞에 있는 나비 사진을 가리키며 아줌마에게 이렇게 말했다.

"맨 마지막에 애벌레들이 나비가 되어서 자유롭게 나는 장면이 정말 멋졌어요. 마치 이 사진처럼 말이에요."

아줌마는 부드러운 목소리로 대꾸했다.

"그렇군요."

"정말 멋진 변신이었어요. 땅 위에서 꿈틀거리던 애벌레가 날개를 가진 나비가 되다니."

나는 처음 책을 봤을 때처럼 벅차서 소리를 질렀다. 아줌마는 내 말을 곰곰이 듣고 있다가 입을 열었다.

"그렇죠. 정말 멋진 변신이에요. 하지만 나비의 변신이 정말 멋있었던 건 겉모습이 변했기 때문만은 아니에요."

고개를 갸웃거리는 나를 보며 아줌마가 말했다.

"진정한 변화는 겉모습의 변화가 아니라 내면의 변화가 아닐까 싶어요. 두 애벌레는 멋진 나비가 되기 전에, 다른 애벌레와는 다르게 마음의 변화를 보였답니다. 자신의 성장을 위해 고통을 견뎌 내는 선택을 했어요. 그 결과 겉모습도 변하게 된 것이지요. 그러니 사실 자신을 멋지게 변화시켰던 힘은 다른 것이 아니라 바로 자기가 갖고 있는 마음에서 나온 셈이지요."

"마음이라……."

한숨과 함께 나도 모르게 입 밖으로 말이 나왔다. 아줌마는 내 손을 잡으며 말했다.

"그렇게 힘든 것만은 아니에요. 물론 용기가 필요하지만, 마음의 주인은 자기 자신이니까 어떤 때는 한순간에 변하기도 해요. 그래서 우리는 겉모습은 똑같더라도 전혀 다른 사람, 전혀 다른 존재가 될 수 있지요."

아줌마는 내게 책을 하나 보여 줬다. 노벨 문학상을 받은 헤르만 헤세가 쓴 『나비』라는 소설이었다. 내가 중학교 수업 시간에 배웠던 소설이라고 말하자, 아줌마는 신기하다는 표정으로 이렇게 말했다.

"그렇군요. 나도 아주 예전에 학생 때 과제물로 읽은 소설인데, 요사이 다시 읽게 되었어요. 다시 보니 이 소설에 나오는 주인공의 변화가 더 눈에 들어와요."

"변화? 어떤 변화요?"

나는 공부를 해도 벼락치기로 참고서 분석 내용만 달달 외우는 식이다 보니, 교과서에 실린 것임에도 정작 소설 내용이 어땠는지 가물가물했다. 아줌마는 친절하게도 책의 중간을 펴서 내 앞에 펼쳐 보였다.

"자, 보세요. 소설의 주인공은 자기가 누구인지 아는 고통을 통해서 애벌레가 나비가 되는 것과 같은 성장을 하지요. 나는 이 부분이 마음에 들어요."

아줌마가 손가락으로 가리킨 부분은 다음과 같았다.

나는 오른손에다 나비를 숨기고 계단을 내려왔어. 그때 아래쪽에서 누군가가 올라오는 소리가 났는데, 그 순간 양심이 깨어났는지 나 자신이 도둑질을 한 형편없는 놈이란 걸 깨닫게 되었어. 그러나 그것도 잠시였을 뿐, 들키면 어쩌나 하는 불안 때문에 본능적으로 훔친 물건을 쥔 손을 윗옷 주머니에 찔러 넣고 말았어. 그리고 천천히 걸었는데, 다가오는 하녀 옆을 지날 때에는 자꾸만 떨리고 창피하고 부끄러우면서도 가득 찬 불안을 떨칠 수가 없었지. 이윽고 현관에 다다랐을 때에는 가슴이 두근거리고 이마에 땀이 흘러내려 제정신이 아니었어.

"이 부분을 보면 에밀이라는 잘사는 친구의 나비를 탐낸 '나'와 양심의 눈으로 바라보는 '나', 걱정하는 '나', 상황을 회피하는 '나'를 비롯해 여러 자아가 나오지요. 그렇게 다양한 '나'를 만나면서 주인공은 성장을 하게 돼요. 그리고 결국 도둑질을 했다는 것보다 자신이 부러뜨린 그 아름답고 희귀한 나비를 볼 때 더 아파할 정도로 변화하게 되지요."

나는 고개를 끄덕였다. 나도 마찬가지로 대단한 것은 아니지만 남의 것이 탐이 나서 도둑질한 다음에 후회한 경험이 있었다. 내 경우에는 장난감이었다. 그런데 자신이 좋아하는 예쁜 나비를 망가뜨렸으니 주인공은 나보다 더 복잡한 감정을 느꼈을 것이다.

아줌마는 이어서 말했다.

"양심에 가책을 느끼던 주인공은 엄마의 충고를 따라서 에밀에게 고백하며 용서해 달라고 합니다. 하지만 에밀은 업신여기는 말투로 '그렇지 뭐. 너는 바로 그런 애야.'라고 대답하지요."

아줌마의 말을 듣자 나는 헤르만 헤세의 소설 『나비』의 주인공이 된 것처럼 화가 났다. 잘 알지도 못하면서 나를 나쁘게 말하고 돌아다니는 동창 녀석이 생각났기 때문이다. 한판 붙으려 해도 그 녀석 친구들이 워낙 기세등등해서 꾹 참고 있지만, 언젠가 기회가 오면 혼내 주리라 벼르고 있는 아이이다. 내 숨소리가 거칠어지자 아줌마는 내가 순전히 소설 내용 때문에 흥분하는 줄 아는지 이렇게 말했다.

"그래요. 아주 속상하지만, 소설뿐만 아니라 현실에서도 흔한 일이지요. 그건 그렇고, 이 소설의 결말은 좀 충격적이에요. 주인공은 자기 집으로 돌아와서 나비들을 꺼내어 가루로 만들어 버리지요."

"네? 너무 끔찍한 것 아닌가요?"

"좀 그렇지요? 하지만 작가인 헤르만 헤세는 이를 통해 아픔과 성장의 관계를 이야기하려 했던 것 같아요. 나비를 좋아했던 어린 마음과 확실히 작별하는 장면으로 주인공이 성장했다는 것을 보여준 것이지요. 즉 성장에는 아픔을 견뎌낼 용기가 필요한 것이지요. 줄무늬 애벌레가 치열한 경쟁이 있는 곳에 삶의 목적이 있다고 생각했던 어린 마음과 작별한 것도 그래요. 이렇듯 성장하려면 예전의 자기와 작별하는 아픔을 견뎌내야 해요."

"무엇과 헤어지는 건데요?"

"이미 익숙해진 친구나 가족, 사회가 주는 편안함과 헤어지는

것이지요. 안락함이 성장을 막는 굴레인 경우가 많아요. 만약 아기가 엄마 뱃속이 안전하다고 끝내 밖으로 나오지 않는다면 어떻게 되겠어요? 엄마뿐만 아니라 아기도 위험해지겠지요? 엄마 뱃속보다는 힘들어 보이지만 안락함을 버리고 밖으로 나와야 엄마의 얼굴을 보는 기쁨도 누리고, 땅을 박차고 달리게도 되고, 다른 사람을 만나 사랑할 수도 있는 어른으로 자라겠지요. 아마 나비가 보면 우리 인간이 아주 놀라운 변신을 하는 것처럼 보일 거예요. 엄마 뱃속에서 나와 애벌레와 별 차이 없이 버둥거리던 아기가 어른이 되어서 활달하게 걷는 것을 보면 말이에요."

아줌마는 봄 햇살을 가득 담은 아이의 눈을 하고 맑게 웃고 있었다. 그렇지만 나는 웃을 수 없었다. 안락함과 성장, 굴레, 변신 등 아줌마가 쓴 단어들이 나에게 무겁게 다가왔기 때문이다. 그런 내 마음을 눈치챘는지 아줌마는 다시 환하게 웃으며 말했다.

"너무 걱정 말아요. 놀라운 자기 변화는 애벌레도 해내고 있는 일이니까요. 그리고…… 인간의 변신이 훨씬 더 재미있으니 기대해도 좋아요. 여기 놀이 공원에서 직접 경험해 볼 수 있을 거예요."

아줌마는 자기가 만난 친구들에게 나눠 주는 선물이라며 쪽지를 내밀었다. 쪽지에는 다음과 같은 구절이 적혀 있었다.

헤르만 헤세가 쓴 소설 『데미안』에서 주인공 싱클레어는 데미안에게 날아오르는 새를 그려 보냈습니다. 그러자 데미안은 다음과 같은 답장을 보냈지요.

"새는 알을 깨고 나온다. 알은 곧 새의 세계이다. 태어나려고 하는 자는 그 자신이 머물던 하나의 세계를 파괴하지 않으면 안 된다."

스키너의 입체 게임관

아줌마는 나에게 추천 코스를 말해 주었다. 특히 서바이벌 게임장은 잊지 말고 가 보라고 말했다. 자신이 특별히 존경하는 에릭슨이 설계한 것이라서 분명 멋질 거라고 했다. 아줌마는 나를 위해서 서바이벌 게임장의 직원에게 특별히 좋은 코스를 부탁해 두겠다는 말까지 덧붙였다. 특별한 대접을 받을 수 있을 것 같아 나도 꼭 가고 싶다고 말했다.

나는 서바이벌 게임장을 놀이 공원 지도에서 찾아보았다. 게임장은 자아 놀이 공원에서 가장 큰 공간을 차지하고 있었다. 게임장을 가려면 입체 게임관과 미확인 비행 물체(UFO) 전시관과 피라미드관을 지나야 했다. 아줌마에게 작별 인사를 하고 그 자리를 떠났다. 아쉽기는 했지만 발걸음은 아주 가벼웠다. 이제는 어떤 건물에 들어가도 불안하지 않을 것 같았다. 신나는 경험을 할 것 같은 기대가 온몸을 휘감기 시작했다.

아줌마의 추천 코스 가운데 하나인 스키너의 입체 게임관 앞은 어린아이들로 붐볐다. 입체 게임이라는 게 내 나이에는 맞지 않는 것이 아닌가 싶었지만, 어른들도 많이 있어 일단 줄을 섰다. 기다리면서 보니까 출구로 나오는 사람마다 모습이 가지각색이었다. 어떤 사람은 훈장을 주렁주렁 매달고 있기도 하고, 옷에 스티커가 붙어 있는 사람이 있는가 하면, 특이한 장식이 달린 모자를 쓴 사람도 있고, 어떤 사람은 아예 아무것도 얻지 못한 듯 평범한 차림새 그대로 나오기도 했다. 어떻게 똑같은 게임관인데도 저렇게 다양한 차림을 하고 나올 수 있을까 더욱 궁금해졌다.

기다리는 동안 입체 게임관 이용 요령을 알 수 있도록 커다란 모니터에 자료 화면이 나왔다. 그것을 보니 입체 게임관은 입체 영화와 온라인 게임을 합쳐 놓은 것 같았다. 입체 화면에 나온 것을 좌석에 붙어 있는 리모컨으로 조준해서 쏘면 그것에 대한 반응이 다시 게임 내용에 반영되는 식이었다. 화면에서는 두꺼운 고글처럼 생긴 장비를 눈에 쓰고 리모컨을 열심히 눌러 대면서 게임을 하는 모습이 나왔다. 자료 화면을 보고 나니 기대감이 부풀었다.

나는 본격적으로 게임 실력을 발휘해 보리라 다짐하며 드디어 입체 게임관 안으로 들어갔다. 좌석은 바닥에서 약간 위로 떠 있었다. 아마 입체 영화관처럼 화면에 따라 사방으로 움직이며 더 실감 나게 하기 위한 장치일 것이라는 생각이 들었다. 좌석에 앉자마자 안전벨트를 하라는 지시가 떨어졌다. 그러고도 안전이 걱정되는지 안전바까지 내려왔다. 좌석에 붙어 있는 리모컨을 꺼내 들었다. 게임 컨트롤러하고 똑같이 생긴 리모컨이었다. 직원의 지시에 따라 몇 번 연습을 하자 금방 손에 익었다.

입체 게임의 내용은 지구를 침략한 우주 괴물과의 대결이었다. 고글 같은 장비를 눈에 쓰자 곧 무시무시한 괴물이 나를 잡아먹을 것처럼 달려들었다. 나는 거의 반사적으로 레이저를 쏘았다. 내 눈에 쓴 장비에 복잡한 숫자가 올라갔다. 꼭 내가 사이보그가 된 기분이었다. 처음에는 숫자의 의미를 잘 몰랐지만, 곧 그게 남은 탄약의 수와 적의 생명력, 내 성적 따위를 나타내는 것임을 알아챌 수 있었다.

나는 화면의 이곳저곳을 종횡무진 누비며 우주 괴물을 무찔렀다. 다른 사람과 힘을 합쳐 괴물이 숨어 들어간 방의 문을 열기도 하고, 다른 사람의 레이저 포인트를 유도해서 집중 사격을 하여 괴물에게 큰 타격을 입히기도 했다. 그럴수록 내 점수는 높아졌고 주어지는 아이템도 화려해졌다. 아까 기다릴 때 보았던 훈장이며 모자 같은 것이 내 화면에 떴다. 보상을 받자 나는 더 적극적으로 움직였다. 괴물이 나오면 더 강하게 레이저부터 쏘았다. 그럴수록 보상은 더 잘 주어졌다.

못하는 사람들에게는 보상 대신 리모컨에 기분 나쁜 진동이

오는 벌이 주어졌다. 벌을 받은 사람들은 정신을 차려서 더 열심히 하기도 했다. 보상이나 처벌 모두 효과가 있었는지 시간이 지날수록 전체적으로 게임 성적이 더 나아졌다. 그래도 내 실력을 쫓아올 사람은 없었다. 옆 자리의 아이가 탄성을 지르며 넋 놓고 나를 쳐다볼 정도로 거의 내 독무대였다. 오락실에 가거나 PC방에 갔을 때 다른 사람의 시선을 받으며 게임하는 것은 많이 겪은 일이라서 새삼스러울 것도 없었지만, 처음 해 보는 게임에서도 잘해 내니까 더 뿌듯했다.

입체 게임이 끝나자 직원이 고글을 벗게 했다. 그리고 교육적인 의도로 만들어진 자아 놀이 공원의 특성상 간단하게 게임 내용을 정리해 주겠다며 영상을 보여 줬다. 여러 사진과 인터뷰들이 다큐멘터리 형식으로 나왔다. 다큐멘터리는 다음과 같은 내용으로 시작했다.

"이 게임은 스키너의 이론에 따라 만들어진 것입니다. 스키너는 인간이나 동물의 행동은 모두 자극과 반응의 연결로 설명해야 한다고 주장했습니다. 즉 행동의 원인이 되는 자극과 그에 대한 결과로 나오는 반응을 관찰해서 설명해야 한다는 것이지요. 스키너는 굳이 마음이라는 추상적인 요소를 끌어들이지 않았습니다. 대신 눈으로 확인할 수 있는 원인과 결과만을 따졌던 것입니다. 스키너는 그렇게 할 때 비로소 행동을 과학적으로 분석할 수 있다고 보았습니다. 나아가 스키너는 아무리 복잡해 보이는 행동도 결국에는 자극과 반응으로 설명할 수 있다고 생각했습니다. 배우자를 고르거나 자아실현을 하는 것까지도 말입니다."

직원은 여러 가지 색깔의 사슬로 연결된 옷을 입고 있었다. 멀리서 보면 하나의 소재로 되어 있고 조명에 반짝이는 정도만 좀 다른 것 같았지만, 자세히 보니 사슬마다 색깔은 물론 재료도 달랐다. 플라스틱과 철, 심지어 나무도 있었다. 서로 같은 성질의 것이 연결되어 있기도 하고, 다른 것이 연결되어 있기도 했다. 결국 직원이 입고 있는 것은 멀리서 보면 단순한 옷이지만 가까이 보면 복잡한 옷인 셈이었다. 그러나 더 살피며 따지고 보면 색과 재료만 다를 뿐 똑같은 모양의 사슬로 연결되어 있다는 점에서 참 기묘하게 재미있는 옷이었다.

옷이 날개라는 말도 있지만, 직원에게는 옷이 곧 설명판이었다. 직원은 자기 옷의 부분 부분을 가리키며 설명했다. 직원은 자극과 반응의 연결이 곧 학습이라고 했다. 그러면서 학습을 변화시킬 수 있는 요소로는 보상과 처벌이 있다고 했다. 게임에서 아이템을 주거나 진동을 줬던 것도 각각 보상과 처벌이었다고 했다. 하긴 내가 다른 게임을 할 때도 아이템이 별로 마음에 안 들거나 너무 얻기 힘들면 아예 게임을 하기가 싫어진 것으로 봐서 스키너의 이론이 맞다는 생각을 했다. 선생님이 공부 잘하는 아이를 칭찬하고 그렇지 않은 아이에게 벌을 내리는 것도, 결국에는 이와 같이 더 잘하라는 이유에서일 것이라는 생각도 했다.

직원은 동물을 길들일 때 먹이를 주거나 때리는 것도 보상과 처벌을 통해서 학습 효과를 높이기 위한 것이라고 했다. 하지만 사람은 동물과 달라서 칭찬은 몰라도 처벌을 함부로 하면 역효과가 날 것 같기는 했다. 실제로 선생님이 체벌을 하면 반항심만 키우는 경우가 많으니까.

직원은 자극과 반응을 잘 결합시키면 아주 복잡한 행동까지 설계할 수 있다고 말했다. 겉으로 보기에 커다란 결심이 서야 하는 위대한 행동도, 그 행동을 하기 위한 세부 단계를 나눠서 보상과 처벌을 줘 가며 학습시키고 꾸준히 연습을 시키면 될 수 있다고 했다.

그러고는 군대에서 병사를 길러 내는 교육 과정을 짤막한 다큐멘터리로 보여 줬다. 처음에는 줄을 맞춰 서는 것이나 몸가짐을 일치시키는 것부터 시작했다. 그 규칙을 어겼을 때에는 가혹한 처벌을 내리고, 규칙을 지켰을 때에는 휴가나 칭찬 같은 보상을 주었다. 병사들은 모든 행동을 정해진 규율에 따라 엄격하게 통제 받았는데, 그 과정을 이끌어 나가는 원리가 바로 보상과 처벌이었다. 그런 식으로 훈련을 계속하다 보니 나중에는 전쟁에 투입되어 용감한 군인 특유의 행동이 나오고 훈장을 받는 장면으로 끝이 났다.

나는 충격을 받았다. 사람이 정말 보상과 처벌이라는 원리로 그토록 기계처럼 통제될 수 있는 것인지 의문스러웠다. 도덕적 행동에 대해서 학교에서 아무리 암기를 많이 시키고, 벌점을 줘 가며 통제를 하거나 칭찬을 한다고 해도 스스로 결심하지 않으면 행동을 안 하게 되는 것이 아닐까 싶었다. 이런 생각에 빠져 있는데 갑자기 조명이 나에게 비춰졌다. 직원이 나의 슈퍼 영웅 자아실현 점수가 최고라고 발표했다. 1등을 했다는 게 기쁘기도 했지만, 모르는 사람들에게 축하받는 게 쑥스럽기도 하고 머릿속이 복잡해서 어정쩡한 웃음을 지을 수밖에 없었다. 내가 이런 반응을 보이는 것은 대체 내가 예전에 어떤 보상과 처벌을 받았기 때문일까?

그러고 있는데 내 머리를 가볍게 해 주는 것이 있었다. 직원은 내 눈앞에서 1등 상을 펼쳐 보였다. 멋진 훈장 세트가 내게 주어졌다. 그리고 내가 아이템으로 딴 선물들을 담은 가방도 받았다. 직원은 다른 사람들에게 출구에 비치된 자판기에서 자기 좌석 번호를 누르면 자신이 따 낸 선물을 받을 수 있다고 했다.

밖으로 나오는데 사람들은 어떻게 그렇게 잘할 수 있냐며 내게 비결을 물었다. 나는 그저 열심히 했는데 운이 좋았다고만 말했다. 하지만 내 진짜 생각은 달랐다. 사실 슈팅 게임이라는 게 구경하는 사람한테는 복잡하게 보이겠지만 게이머에게는 단순히 정해진 규칙을 순발력 있게 적용하는 것에 지나지 않는다. 이를테면 음식을 얻기 위해 지렛대를 누르는 쥐처럼, 주어진 자극이 무엇이냐에 따라 그에 맞는 반응을 하면 된다.

전략 시뮬레이션 게임이라면 남이 뭘 하든 간에 일단 내 자원부터 키우면 된다. 자잘한 싸움에는 져도 결국에는 자원이 많은 내가 이기게 되어 있기 때문이다. 이런 복잡해 보이는 전략 역시 수많은 시행착오를 겪으면서 터득하게 된 것이다. 그래서 누구와 붙든지 간에 나는 게임을 시작하면 곧바로 자원부터 확보하기 위해 마우스와 키보드를 정신없이 누르느라 바쁘다.

만약 전쟁 게임을 한다면 복장을 잘 살펴서 아군이면 구출하고, 적군이면 사살하는 식으로 그에 맞는 행동을 하면 된다. 그것을 얼마나 자동적으로 잘하느냐에 따라 영웅이 되기도 하고, 굼벵이가 되기도 한다. 정말 단순한 차이가 만들어 내는 극적인 차이인 셈이다.

그래서 게임의 실력자가 되려면 판단할 겨를 없이 바로 자동적으로 반응하는 수준까지 꾸준히 반복 연습을 하는 게 중요하다. 부모님에게 혼나 가면서 얼마나 버티느냐가 관건이 되겠지만 말이다. 이렇게 보면 스키너의 이론이 맞는 것 같기도 하다. 하지만 다시 생각해 보면 왠지 부자연스럽고, 비인간적이라는 느낌도 들어 싫었다.

어쨌거나 스키너의 입체 게임관은 나에게는 약간 시시한 경험이었다. 하지만 아직 입체 게임관을 체험하지 않은 사람에게는 기대를 갖게 하는 매력이 있는 것 같았다. 나도 들어오기 전에는 그랬으니 말이다. 단순히 주어진 규칙에 따라 빨리 반응하는 것이 차곡차곡 모여서 결국에는 결과가 완전히 달라지는 것을 어떻게 상상할 수나 있었을까?

"다음에 또 뵙도록 하지요."

아까 사슬옷을 입고 설명을 했던 직원이 반갑게 인사했다. 나도 반사적으로 같이 인사를 했다. 그런데 고개를 들고 보니까 사슬 옷 직원하고 똑같이 생겼는데 어느새 완전히 다른 유니폼을 입고 있었다. 내가 고개를 갸웃거리자 직원은 웃으며 말했다.

"신기하죠? 방금 전에 저와 똑같은 사람을 봤는데, 벌써 옷을 갈아입고 말하니까요."

나는 짐짓 놀라지 않은 척하면서 고개를 끄덕였다. 사실은 은근히 쌍둥이라는 말을 기대하면서 말이다. 그런데 뜻밖의 말을 들었다.

"사실 저 안에 있던 것은 로봇이었습니다. 저와 똑같이 만들었지요."

나는 입이 쩍 벌어졌다. 로봇 기술이 아무리 발전했다고 해도 그렇게 자연스러울 수 있다니. 직원은 내 반응을 예상했다는 듯이 술술 이야기를 하기 시작했다.

"그 로봇에는 제 모든 것이 들어가 있지요. 즉, 제 자료를 모두 입력해 놓았고, 주변의 자극에 따라 그에 맞는 반응을 출력하게 해 놓았습니다. 사실 원칙적으로는 그 로봇과 제가 차이가 없지요. 둘 다 주어진 자극에 대해서 그것과 연결된 일정한 반응을 하니까요."

나는 그래도 사람은 로봇과 다르지 않느냐고 따졌다.

"사람과 로봇의 구성 물질은 다르지만, 자극과 반응의 연결이라는 측면에서는 똑같습니다. 그런데도 사람들은 자신이 로봇보다 더 복잡한 마음이 있을 거라고 생각하지요. 그렇지만 그처럼 자신만만했던 사람도 행동만 봐서는 로봇인지 사람인지 눈치 채지 못하지 않습니까? 그러니 로봇과 사람이 동일한 자극에 대해서 동일한 반응을 보인다면, 굳이 사람이 로봇과 다른 마음을 갖고 있다고 가정할 필요가 있을까요?"

갈수록 더 놀라운 말들이 직원의 입에서 쏟아져 나왔다. 나는 입을 더 크게 벌리고 들었다. 마치 놀란 일이 있을 때는 입을 더 크게 벌리라고 학습받은 것처럼 말이다. 직원의 마지막 말은 더 가관이었다.

"맞춰 보세요. 그런데 이렇게 말하는 제가 정말 로봇이 아니라는 증거는 어디에 있을까요? 정말 모든 것이 단순한 자극과 반응의 연합으로 설명되어 있어서, 손님이 입을 쩍 벌리고 제 말을 들을수록 더 심화된 수준의 다른 이야기를 하도록 제가 프로그래밍된 것이라면 말입니다."

나는 손을 뻗어 직원을 만지려 했다. 그런 행동도 예상했다는 듯이 직원은 재빨리 몸을 뒤로 움직였다. 그리고 출구 옆에 있는 직원 출입문 안으로 휙 사라져 버렸다. 내가 쫓아갔을 때는 이미 늦었다. 쇠로 된 문은 다시 열리지 않았고, 아무리 두들겨도 소용없었다. 소리를 질렀다. 사람들이 쳐다보니 나만 창피했다. 입을 다물고, 문을 더 세게 쳤다. 전기가 흘렀다. 화가 나서 더 세게 쳤다. 더 세게 전기가 흘렀다. 나는 곧 문을 점점 덜 세

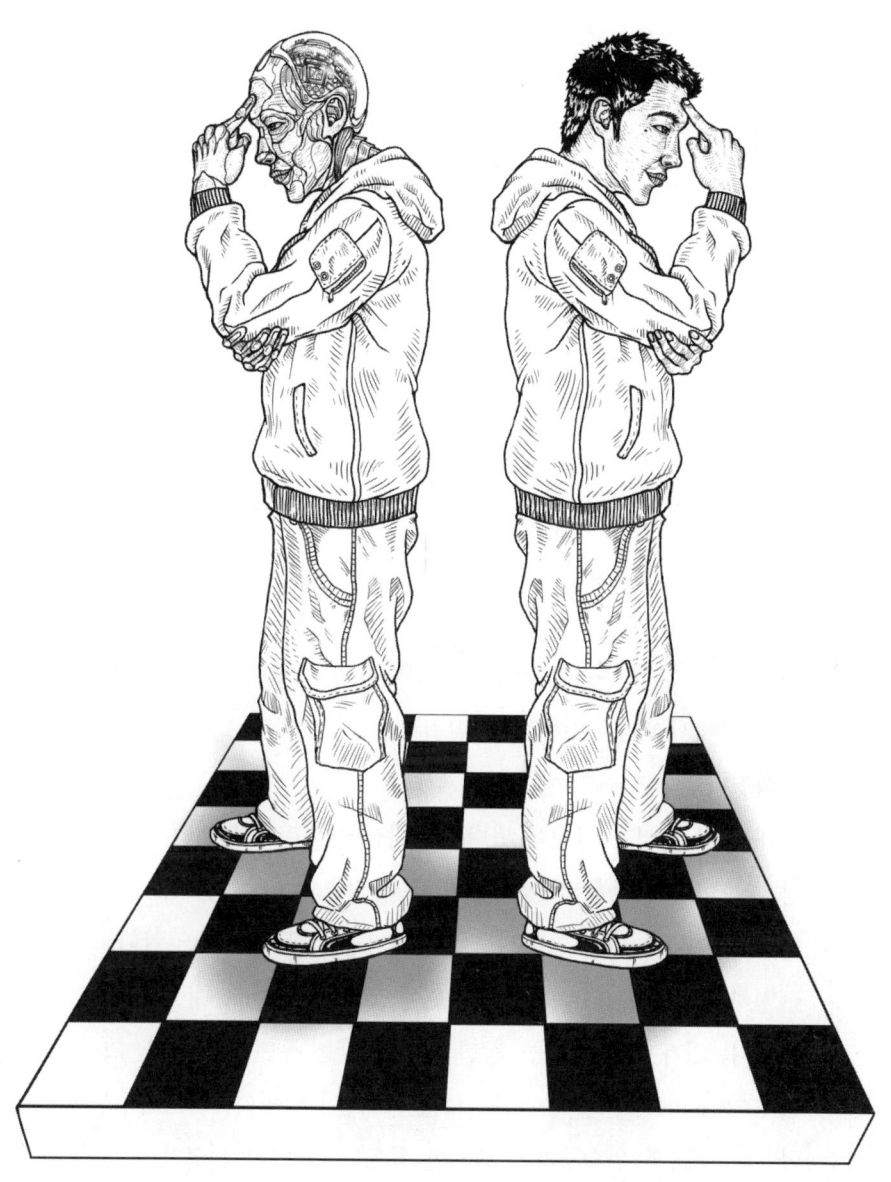

스키너의 입체 게임관

게 쳤다. 인정하고 싶지 않았지만 사슬옷을 입은 직원이 설명한 것처럼 벌을 피하기 위해서 내 행동을 맞추고 있었다. 그렇다면 이 복잡한 과정이 모두 자극과 그에 대한 반응의 연결로 설명될 수 있다는 말인가? 이 모든 것이 계산에 의해 만들어진 것이고, 그 계산에 의해 얼마든지 반복될 수 있는 일이라고 생각하니 갑자기 오싹해졌다.

공상 과학 영화에서 사람을 훈련시켜서 일정한 행동을 하는 기계처럼 만드는 장면이 떠올랐다. 논술 시간에 강사는 그것은 사실 학교나 군대, 회사 같은 데서도 쉽게 확인할 수 있는 모습이라고 했다. 따라서 그냥 판타지로 보지 말고 현실로 보고 비판해야 한다고 말했다. 그런데 내가 막상 그런 상황이 현실이라고 실감하게 되니 오히려 꼭 환상 속에 있는 것 같았다. 영화 〈매트릭스〉에서 주인공 네오가 가상현실과 실제로 존재하는 현실 사이에서 어떤 것이 더 현실일까 고민할 때와 같은 기분이 느껴졌다.

내가 겪은 것을 되짚어 봤다. 꼭 귀신에 홀린 기분이었다. 그냥 쌍둥이가 장난을 친 것이라면 덜 찝찝할 텐데, 정말 어느 하나가 로봇일 수 있다고 생각하니 머리가 여간 복잡하지 않았다.

멍하니 문을 쳐다보는데, 문 위에 있는 모니터에 내 얼굴이 나왔다. 내가 게임을 하는 장면과 상을 받는 장면이 나왔다. 그리고 최초의 게임 우승자가 나라는 자막이 나왔다. 최초라니! 앞으로 수많은 우승자가 있겠지만 최초는 더 의미가 크지 않은

가. 기분이 좀 풀리는 것 같았다. 정신을 차려 보니 나는 어느덧 가슴에 단 훈장을 만지작거리고 있었다.

훈장에 쓰인 것처럼 내가 자아실현 최우수자이고, 자아실현이 이렇게 단순하다면 앞으로도 자아실현은 떼놓은 당상이라는 생각이 들었다. 직원이 말한 대로 스키너의 이론에 따라, 위인전에 나온 대로 야금야금 연습을 하면 언젠가는 그들처럼 위대한 업적을 낼 수도 있는 것이다. 결국 꾸준히 하기만 하면 자아실현은 어른들이 말하는 것처럼 거의 이룰 수 없는 일은 아닐 것 같기도 했다. 물론 게임이 그렇듯이, 수련이 덜 된 사람들에게는 까마득한 경지처럼 느껴지겠지만 말이다.

가슴에서 흔들거리는 훈장 때문에 나는 한껏 의기양양해졌다. 발걸음도 경쾌하게 다음 코스로 가기 위해 서둘렀다.

미확인 비행 물체
전시관의
세 사람

　종종종 아이처럼 뛰다시피 걸어 내려가는데, 훈장이 거추장스러웠다. 그래서 어쩔 수 없이 가슴에 있던 훈장을 떼서 가방에 넣었다. 훈장을 떼니까 다시 예전의 평범한 나로 되돌아온 느낌이었다. 이래서 제대하고 나서도 여전히 군복을 입고 다니거나, 퇴직을 했어도 예전 직위로 불리는 것을 좋아하는 사람이 있는가 보다 생각이 들었다. 그리고 그에 맞는 행동을 하는 것도 그게 가장 자신답다고 느껴지기 때문이 아닌가 싶었다. 다시 말해, 보상에 의해서 강화를 받았기 때문에 그것을 자아라고 여기고 버리지 못하는 것이 아닐까?
　조금 더 걷자 외계인 우주선 모양의 전시관이 눈에 들어 왔다. 사실 우주선이라기보다는 큰 고딕 성당의 지붕 몇 개를 뜯어 와서 여기저기 아무렇게나 붙인 것에 더 가까웠다. 우주선 주변에는 따뜻한 물을 흐르게 해 놓았는데, 이 때문에 안개가 피어올라 마치 우주선이 공중에 떠 있는 것 같은 느낌이 들었다. 그리고 지붕같이 생긴 것에서는 신비한 빛이 퍼져 나오고 있었다. 그래서 전시관 주변에 있는 울창한 나무까지도 꼭 지구의 것이 아닌 것처럼 보였다.

혹시 스키너의 입체 게임관처럼 심란하게 되는 것은 아닌가 싶어 아줌마가 강력히 추천한 게임장으로 직행하고 싶은 마음도 있었지만, 결국 호기심 때문에 참을 수 없었다. 잠시 살펴보고 서바이벌 게임장에 가면 될 것이라 생각하며 미확인 비행 물체 전시관 쪽으로 다가갔다.

전시관 앞에는 머리가 하얀 할아버지가 담배 파이프를 물고 서 있었다. 할아버지의 왼쪽 가슴에는 꽃이 달려 있었고, 오른쪽 가슴에는 카를 구스타프 융이라는 이름이 길게 쓰인 커다란 플라스틱 이름표가 달려 있었다. 이름표 때문에 옷이 아래로 처져 있었다. 그래서인지 할아버지는 앞으로 더 구부정하게 숙인 것 같아 보였다. 지팡이를 짚지 않았다면 쓰러질지도 모르겠다는 생각이 들 정도로 말이다. 내가 쳐다보는 것을 느꼈는지 할아버지는 이렇게 말했다.

"걱정 마. 안 쓰러져. 안 쓰러진다고."

누가 뭐랬나? 나는 처음에 나보고 한 말인 줄도 몰랐다. 할아버지가 나를 쏘아보며 천천히 몸을 돌리자 그제야 내게 한 말인 줄 알았다. 할아버지는 계속 구시렁거렸다.

"사람들은 내가 젊었을 때 쓰러져서 프로이트 박사의 품에 안겼던 것을 두고두고 이야기한다니까……."

프로이트? 프로이트라면 빙하 놀이관을 만든 사람을 말하는 거잖아. 나는 전시관 안으로 사라지려는 할아버지의 뒤를 쫓아 전시관으로 들어갔다. 할아버지는 낌새를 알아채고는 고개를 홱 돌렸다.

"그 이야기를 들으려고 따라붙는 거라면 그만둬. 정작 프로이트 박사의 이론 중에 무엇이 틀렸는지 지적한 내 말은 다 무시하고, 사람들은 그런 뒷이야기에만 매달린다니까. 쯧쯧."

"프로이트 박사가 틀렸다고요?"

사실 나는 그때까지 눈앞에 있는 할아버지가 분석심리학을 만든 스위스의 의사이자 철학자로서 대단한 활약을 한 사람이라는 것을 몰랐다. 그리고 나중에 알게 되었지만, 우리가 강박관념이나 열등감을 말할 때 흔히 쓰는 '콤플렉스'라는 낱말이나, 사람의 성격을 구별할 때 주로 쓰는 '내향적' 또는 '외향적'이라는 구분도 할아버지가 만든 것이었다.

할아버지는 몇 마디를 더 하더니 곧 내가 아예 당신을 모른다는 사실을 눈치챈 듯했다. 그러자 자신에 대해서 편견이 없다고 생각해서 마음이 편해진 듯했다. 무서운 얼굴도 좀 펴졌다. 할아버지는 오히려 내가 물어보지도 않은 것들에 대해서 생각나는 대로 이야기하기 시작했다. 지금까지 눈앞에 있던 할아버지가 휙 사라지고 누군가가 똑같이 변장하고 나와서 할아버지 대신 맘껏 이야기해 주는 것 같은 기분마저 들었다.

융 할아버지는 프로이트의 정신분석학에 끌려 직접 프로이트에게 배운 제자였다. 그런데 프로이트가 너무 성(性) 본능에 집착해서 인간의 마음을 설명하는 것이 싫었다고 했다. 그래서 다른 주장을 펼치다 결국 둘 사이가 멀어지게 되었다고 했다. 나는 할아버지가 어떤 주장을 펼쳤는지 무척 궁금했다. 그래서 무식하다는 말을 들어도 좋다는 각오로 용기를 내어 할아버지에게 직접 물어보았다. 그러자 할아버지는 옛날이야기를 해 주는 것처럼 술술 이야기보따리를 풀어 놓았다.

"나는 마음이 아픈 사람들도 많이 치료하고, 고대부터 이어져 내려오는 신화나 민담, 철학과 사상, 종교도 연구했지. 그 결과 인간의 마음에는 집단 무의식이 있음을 알게 되었어."

"네? 집단 무의식이라고요? 무의식은 패거리로 다니나요?"

무의식이 무슨 일진도 아니고, 생각해 보면 바보 같은 질문이었지만 할아버지는 아주 진지하게 대답했다.

"패거리? 아냐. 만약 그렇다면 무의식 집단이라고 했겠지. 집단 무의식은 사람마다 공통적으로 지닌 무의식을 말하는 거야. 그것은 시대를 거쳐 계속 이어져 내려오고 있는 것이지."

"그러면 저도 집단 무의식을 갖고 있는 건가요?"

"그럼, 물론이지. 그리고 나는 집단 무의식 때문에 모든 신화나 민담, 철학, 종교가 공통적인 요소를 가지고 있다는 것을 밝혀냈어. 집단 무의식을 밑거름으로 해서 사람의 개성도 마치 식물의 줄기나 열매처럼 자라 나오는 것이고……."

할아버지는 말을 잠시 끊고 나서 다시 이어 나갔다.

"한번 여기 전시하고 있는 것들을 둘러봐. 말 그대로 미확인 비행 물체(Unidentified Flying Object)이지. 즉, 실체가 확실하지 않은 것이라고. 그런데 집단 무의식이 워낙 강력하기 때문에 실체가 확실하지 않은데도 마치 현실과 같은 환상을 만들어 내는 거야. 그리고 그 많은 형상 중에 유에프오(UFO)는 왜 하필 둥근 접시 모양이 가장 많을까 궁금한 적은 없었나?"

사실 그런 것을 생각해 본 적은 없었다. 그러나 할아버지의 이야기를 듣고 보니 미확인 비행 물체, 곧 UFO가 왜 자전거 모양이나 인라인 스케이트 같은 모양이 아닐까 갑자기 궁금해졌다. 할아버지는 웃으면서 그 이유를 말해 줬다. 할아버지는 인간의 생각과 행동은 많은 부분 무의식에 의해 결정된다는 프로이트 박사의 이론부터 설명하기 시작했다. 이것은 내가 빙하 놀이관에서 직접 이드 역할을 하면서 경험한 것이기에 이해하기 쉬웠다.

"둥근 접시 모양의 UFO는 여

자의 젖가슴이 형상화된 것이야. 여자들은 굵은 담배인 시가 모양의 UFO를 보기도 하지. 꼭 남자의 성기 같지. 그래서 나는 전시관 건물을 남자의 성기 모양이 드러나지는 않지만, 무의식적으로 알 수 있는 형태로 꾸미게 했네."

나는 뒤통수를 한 대 얻어맞은 기분이었다. 성당의 지붕이 아니라, 남자의 성기였다니. 내가 여자가 아니라 남자라서 그것을 알아채지 못한 것일까? 할아버지 말에 따르면 내가 여자였어도 의식적으로 알아채지는 못했을 것이다. 혹시 내 무의식은 남자의 성기임을 알아챘는데, 그것이 의식에서 감시를 하니까 고결한 성당의 지붕으로 모습을 바꾼 것은 아닐까? 문득 빙하 놀이관에서 이드 역할을 할 때 변장하던 것이 떠올랐다. 할아버지는 흥미로운 표정으로 듣고 있는 나를 보면서 더 신이 나서 이야기를 풀어냈다.

"그런데 이런 현상이 몇 명이 아니라 세계 여러 나라의 많은 사람들에게 일어난다는 것이 이상하지 않은가? 많은 사람들이 일정한 모양의 UFO를 동시에 목격할 수 있는 것은 개인 수준을 넘는 집단 무의식이 그만큼 강력한 영향을 준다는 것을 의미하네. 결국 우리가 가진 집단 무의식이 하늘에서 일어나는 현상, 그러니까 구름이나 그 밖의 이상한 기상 현상에 투사되어 마치 UFO가 나타난 것으로 생각하는 거야."

할아버지는 집단 무의식에는 성적인 것만 있는 것이 아니라고 했다. 다른 심리적 원형이 될 만한 것도 있어서 성적인 의미가 약한 종교와 같은 것도 나올 수 있다고 말했다. 이렇게 할아버지가 말해 주자, 내가 처음 이 건물을 봤을 때 종교적 의미에서 성당의 지붕으로 본 것일 수도 있다는 생각이 들었다. 그래서 할아버지에게 성기와 성당의 지붕 중 내가 어떤 것을 본 것이냐고 물었다. 그러자 할아버지는 무의식의 내용은 어떤 것이라고 확실히 말할 수는 없다고 했다. 그리고 할아버지는 자아에 대한 생각도 프로이트와 다르다는 것을 특히 힘주어 말했다.

"나는 '자기'(Self)와 '자아'(Ego)는 다르다고 생각해. 자기는 합리적인 생각의 빛이 닿지 않는 어둠의 세계, 즉 무의식의 밑바닥에 깊이 놓여 있는 세계라고 할 수 있지. 그러나 자아는 달라. 자기의 세계보다 훨씬 작고 의식의 빛이 닿는 세계야. 그런데 자아는 의식되지 않는 세계는 그냥 없는 것이라고 생각하지. 자아는 자기에서 떨어져 나왔으면서도 자신의 원천을 모르는 거야."

할아버지의 설명을 듣다 보니 사람들이 왜 자기 자신을 알기 힘들다고 말하는지 이해되었다. 의식의 세계에 있는 자아가 무의식에 있는 자기를 발견하는 게 아주 힘든 것은 어찌 보면 당연한 일이라는 생각이 들었다. 답답한 마음에 할아버지에게 물었다.

"그렇다면 인간의 자아는 절대로 자기를 알 수 없는 거겠네요?"

"아니야. 꿈이 있잖아. 꿈은 자기와 이성적 자아가 만나는 곳이야. 자기는 여러 상징을 통해서 자신의 모습을 드러내어 의식과 대화하려고 하지. 꿈은 그 대화에 쓰이는 메시지를 진열해 놓은 전시장이라고."

그래서 융 할아버지는 꿈에 나타난 상징을 잘 이해할수록 자신에 대해 잘 알 수 있다고 했다. 그리고 이러한 자신의 견해는 프로이트 박사의 견해와 다르다고 강조했다.

"프로이트 박사는 무의식이 자신을 숨기는 가장행렬 축제를 벌이는 것이 꿈이라고 보았어. 그러나 나는 집단 무의식이 자신을 상징적으로 드러내는 것이 꿈이라고 보지. 나아가 우리의 집단 무의식은 꿈만이 아니라 신화나 종교 등에도 드러나. 그래서 나는 집단 무의식이 녹아 있는 신화나 종교 등에 나타난 상징을 연구했어."

나는 그런 연구를 어떻게 하나 막막한 표정을 지어 보였다. 그러자 할아버지는 안타깝다는 듯이 나를 쳐다보며 말했다.

"자아가 자기를 모른다면 어떻게든 불행을 만들게 되어 있어. 이것은 내가 직접 만난 환자들을 통해서 얻은 결론이야. 의식의 세계에서는 잘 사는 것 같던 아이가 청소년기에 접어들면서 갑자기 내가 뭔가 하면서 혼란을 겪는 경우가 많은 것은 자네도 알고 있지 않은가? 인간이 그냥 잘 먹고 잘 자는 것만으로 충분하다면 왜 안정적인 환경에서 자란 아이들이 갑자기 그런 혼란을 겪겠나?"

할아버지는 또래보다 나이 들어 보이는 내 외모 탓에 나를 어른이라고 생각하는 듯했다. 아무튼 할아버지는 내게 과거의 경험을 떠올려 보라는 식으로 말했지만, 할아버지가 말한 바로 그 시기가 나에게는 현재 진행형이었다. 혼란의 시기. 겉으로는 성숙해 보여도 속은 청소년인 현재.

그러나 어쩐 일인지 내 모습이 먼저 떠오르지는 않았다. 오히려 할아버지의 이야기를 들으며 방황하는 내 친구들이 떠올랐다. 맞아, 걔네들은 좀 그래. 이러면서 고개를 끄덕였다. 하긴 지금은 학교에 잘 다니고 있지만 나도 뭐가 뭔지 모르겠고, 불안하고, 계속 밖으로 뛰쳐나가고 싶은 혼란 속에 있는 것은 마찬가지였다. 이제 1년 반만 지나면 고3이다. 수능 시험을 어떻게 보느냐로 인생이 결정 난다며 어른들은 귀에 못이 박히도록 공부하라고 말하고 있는데, 나는 계속 공부 말고 다른 것도 있지 않을까 생각을 하고 있다. 그리고 다른 친구들은 공부하느라 놀 겨를 없는 휴일에 혼자 자아 놀이 공원에 왔지만, 그것도 딱히 대단한 결심을 해서는 아니었다. 그저 공부에서 벗어나고 싶고 혹시나 내가 평소 목말라하던 것을 얻게 되지나 않을까 하는 기대로 여기까지 온 것이다.

유학을 가거나 대안학교에 가거나 자기 적성에 따라 아예 학교를 벗어나 새로운 배움을 찾는 아이들이 대단해 보이고 부러웠다. 그러면서도 실패하면 어떻게 하나 걱정도 되었다. 그러나 막상 애들의 이야기를 들으면 어른의 이야기와 좀 다르다. 중학교 때 친구 상현이는 대안학교에 가서 만화를 그린다. 상현이가 정말 만화로 먹고살 수 있을지 걱정인데, 그 아이는 오히려 평범한 결정으로 이도 저도 되지 않는 사람이 더 많으니 내가 더 걱정된다고 한다. 친구들을 보고 싶을 때 빼고는 정규 과정을 포기한 것이 후회되지 않는다고 했다. 정말 후회가 없을까? 괜히 그러는 건 아닐까? 상현이와 이야기를 하면 뭔가 마음이 불편했다.

상현이나 융 할아버지의 말을 들어 보면 나 자신에 대해서 진지하게 생각해서 결정을 내리지 않는다면 의미 없는 나날을 보내다가 나중에 후회할 확률이 높았다. 하지만 나는 내 현재와 앞날에 대해서라면 한 발도 내딛기 무서운 절벽 위를 기는 아기와 같은 기분이 들었다. 아니다. 아기는 절벽이 무서운 줄도 잘 모를 것이다. 다른 사람이 보기에나 위험한 것일지도 모른다. 나는 아기라기보다는 빙하와 충돌해 가라앉는 배에서 차가운 바다가 무서워 이러지도 저러지도 못하고 얼굴을 가리고 우는 사람에 더 가깝다는 생각이 들었다. 갑자기 울적해졌다. 할아버지는 그런 내 마음을 아는지 모르는지 입을 크게 쩍 한번 다시고 나서 말을 이었다.

"결국 외부가 아니라 내부의 마음이 중요한 거야. 불행을 피하려면 겉보기에 잘 먹고 잘 사는 것을 추구할 게 아니라 자기실현을 꼭 해야 한다고. 인간의 삶은 결국 자아가 자기를 찾는 과정이야. 인생은 찰랑거리는 물 아래 빙하를 떠받치며 가장 깊이 자리 잡고 있는 마음의 중심을 찾는 탐험과 같은 것이지."

할아버지가 말한 '자기실현'이라는 단어가 무겁게 들렸다. 여태껏 중요하게 생각했던 의식이 우리의 중심이 아니라면 진짜 나는 의식 밖의 세계에 있는 것일까?

"풋."

누군가 코웃음 치는 소리가 들렸다. 그 사람은 언제부터인가 융 할아버지와 내가 나누는 이야기를 듣고 있었다. 우리가 쳐다보자 그는 머쓱한 표정을 지으며 자기 자신을 생물학자인 에드워드 윌슨이라고 소개했다. 넥타이핀이 개미 모양이어서 예사롭지 않은 사람이라는 인상을 한눈에 받았다.

윌슨 박사는 대화를 엿들어 죄송하다면서, 특히 방금 전의 코웃음은 우리를 비웃은 것은 아니라고 정중히 사과했다. 그래도 윌슨 박사는 우리가 나눈 대화 내용에 대해서는 단호하게 반대 의견을 말했다.

"무의식이나 콤플렉스 같은 말은 참 멋진 용어입니다. 문화를 이해하는 데 요긴한 개념이지요. 하지만 그런 것이 진짜 있는 것이냐에 대해서 나는 부정적입니다."

윌슨 박사는 나를 쳐다보며 물었다.

"마음은 어디에 있는 것일까요?"

마음이라고 할 때는 가슴이 먼저 떠올랐다. 좋은 것을 보면 심장이 쿵쾅거리며 하트 무늬가 튀어나오는 만화 영화를 많이 본 탓일까? 마음이라고 할 때 꼭 가슴을 먼저 떠올리게 된다. 그러나 한편 우리가 무언가를 느끼고 생각할 수 있는 것은 모두 뇌가 있기 때문이 아닐까? 내가 머뭇거리자 윌슨 박사는 인간의 두뇌가 마음의 자리라고 말했다. 그리고 머리를 크게 다치는 사고를 당하면 사람의 성격이나 기억이 완전히 변하는 것이나, 치매 환자들이 생기는 것도 다 뇌가 변해서 그렇게 되는 거라고 했다.

"결국 모든 것을 생물학적으로 설명할 수 있지요. 통증을 느끼는 것을 고통이라는 추상적인 개념으로 설명하기보다는, 객관적으로 관찰할 수 있는 C-신경섬유가 자극을 받아서 그렇다고 설명하는 것이 더 명확하거든요. 같은 현상을 말한다면 좀 더 명확하고 간단하게 설명하는 게 더 좋은 거잖아요. 이런 식으로 우리의 마음을 두뇌의 움직임으로 촘촘하게 설명할 수 있다면, 추상적인 마음의 요소로 설명하는 이론은 이제는 무시해야 옳지 않을까요?"

융 할아버지는 무척 화가 난 목소리로 절대 그렇지 않다고 따졌다.

"여보게. 그런 식으로 우리 마음을 다룬다면 우리 마음 깊숙이 있는 심오한 진실은 알 수 없게 되네. 그냥 어떤 세포가 얼마

나 활성화되었느냐 하는 그림과 수치만 가득할 뿐, 정작 의미 있는 것들은 다 잃게 될 것이라고…….”

"그러니까 제 말은 그런 생각 자체가 잘못된 환상이라는 것입니다. 할아버지와 프로이트 박사께서 중시하는 꿈만 해도 그렇습니다. 꿈은 무의식이 의식으로 밀어내는 상징으로 가득한 세계가 아닙니다."

"그럼 그게 뭐란 말인가?"

"인간은 잠이 든 상태에서 꿈을 꿉니다. 그런데 잠이 들면 감각을 통해 외부 환경에서 얻는 정보가 거의 없어집니다. 다만 두뇌는 자기 내부의 움직임에 의한 정보만 처리하게 됩니다. 두뇌에는 가장 아래 부분에 뇌간이라고 하는 부위가 있습니다. 여기에 있는 아세틸콜린 신경 세포가 활성화되어 피지오(PGO)파라는 것이 발생하면 꿈을 꾸게 됩니다. 피지오파가 요동치면 우리의 감정도 다양하게 변하면서 거의 무한대로 꿈의 내용이 우리 뇌에서 조합되지요."

융 할아버지는 무서운 눈으로 윌슨 박사를 노려봤다. 하지만 윌슨 박사는 아랑곳없이 자기 이야기만 쏟아 놓았다. 윌슨 박사는 하버드대학교 교수로서 젊었을 때부터 여러 분야의 공부를 열심히 했다고 했다. 그리고 사회생물학이라는 아주 독창적인 이론을 내놓기도 했는데, 그게 너무나 급진적 주장을 담고 있어서 다른 사람에게 큰 욕을 먹었다고 했다. 강의를 하다가 물세례를 받은 적도 있는데, 그럴 때도 결코 자신의 의견을 굽히지 않았다고 했다.

 윌슨 박사의 이야기가 맞든 틀리든 간에 그의 강직한 태도에 내 마음도 조금씩 움직이기 시작했다. 윌슨 박사는 이것도 내 뇌의 어떤 부위에 있는 세포가 변화해서 마음이 움직이는 것이라고 설명하겠지만 말이다.

 "외부 자극 중 강한 것은 가끔 꿈속을 뚫고 들어오기도 합니다. 천둥이 치면 꿈속에서 총소리를 듣거나 큰 사고를 당하는 식으로 변하지요. 누군가 발을 만지면 귀신이 잡아당기는 것처럼 꿈을 꾸기도 합니다. 혼란스러운 상황에서 입력되는 여러 정보를 어떻게든 짜 맞춰 넣으려 하다 보니 꿈의 내용이 변하는 것입니다. 무의식이 이성적 자아와 대화하려고 상징으로 드러나는 것이 아니지요. 그냥 처리하는 정보가 그때그때 상황에 따라 달라지면서 꿈도 다양하게 꾸게 되는 것일 뿐입니다.

 꿈은 신경 세포나 두뇌 부위, 뇌파, 외부 자극 등으로 과학적으로 설명할 수 있습니다. 그런데 굳이 있는지 없는지도 알 수 없는 무의식, 또는 이드나 초자아라는 개념을 써서 꿈을 설명할 필요가 있을까요?"

 윌슨 박사의 이야기를 듣고 있던 융 할아버지는 큰 소리로 윌슨 박사의 이론이 틀렸다고 말했다. 하지만 윌슨 박사는 아주 차분하게 목소리를 낮춰 반론을 제기했다.

 "꿈은 되는대로 짜깁기한 이야기입니다. 그렇기 때문에 꿈의 분석도 감정적으로는 그럴 듯하지만 사실은 틀린 것일 수밖에 없습니다. 결국 꿈의 해석과 같은 무의식 이론은 과학이나 철학도 아닌 그저 점쟁이의 운수 풀이와 같습니다."

윌슨 박사의 마지막 한마디 때문에 말다툼은 더 커졌다. 그 바람에 여기저기서 사람들이 모여들었다. 머릿속이 복잡했다. 과연 나의 마음, 자기, 자아는 어디에 있는 것일까? 무의식에? 신경 세포에? 아니면 전혀 다른 곳에서 나오는 것일까? 나의 자아실현이라는 것도 결국 신경 세포를 조금 바꾸는 것에 지나지 않는 것일까? 혹시 자아실현을 해서 신경 세포가 바뀌는 것을 놓고, 원인과 결과를 바꿔서 거꾸로 설명하는 것은 아닐까?

여러 사람이 끼어들어 윌슨 박사와 융 할아버지의 언쟁을 말렸다. 그중에는 존 투비라고 하는 남자도 있었다. 그는 미국 캘리포니아대학교에서 진화심리학을 연구하는 교수라고 자신을 소개했다. 그는 교수라기보다는 차라리 사냥꾼에 가까운 옷차림을 하고 있었다. 게다가 놀이 공원에 조성된 숲이 보이는 입구 쪽에 서 있어서 더 원시적인 느낌이 들었다. 그런데 존 투비 교수 입에서 나오는 말이 뜻밖에도 유식해서 놀랐다. 역시 사람은 겉모습만 보고 판단해서는 안 될 일이었다.

"윌슨 박사님이나 융 할아버지 모두 잠시 제 말씀을 들어 주세요. 이 모든 것이 뇌에서 벌어지는 일을 의식으로 확인할 수는 없기 때문에 벌어지는 일이랍니다."

투비 교수는 자기 이름표를 가리키며 말했다.

"지금 이 이름표에 쓰인 글자를 읽으면서 뇌의 어떤 세포가 움직이는지 알 수 있나요? 이 글자를 읽고 어떤 마음이 드는 것은 분명 뇌의 세포가 작동하기 때문이지요. 그렇지만 우리가 글자를 읽는 뇌 상태를 의식할 수는 없지요. 다만 그 결과를 알 수 있을 뿐이죠. 그런데 모든 것을 두뇌의 움직임으로 설명하려고 하니 쉽게 이해할 수 없는 것은 당연한 일입니다."

용기를 내어 내가 끼어들었다.

"그래도 무슨 말인지 모르겠어요."

투비 교수는 나를 쳐다보며 물었다.

"자, 자네가 대통령이라고 상상해 봐. 대통령은 어떻게 세상이 돌아가는지 알 수 있을까?"

"뭐, 장관과 같은 사람이 하는 보고를 받아서 알겠지요."

"그렇다면 그 장관들은 어떻게 세상 소식을 알까?"

"그거야 부서마다 수천 명이 넘는 직원들이 작업해서 그 결과를 보고하니까 알지요."

"그렇다면 대통령도 장관이 직원들의 도움을 받는다는 사실을 알고 있겠지?"

"당연하죠. 바보가 아닌 한 알고 있겠지요."

"하지만 수천 명의 사람 중에 구체적으로 어떤 사람이 무슨 일을 하는지는 모르겠지?"

"그거야 당연하죠."

투비 교수는 웃으며 이렇게 말했다.

"마찬가지야. 우리가 우리 뇌가 어떻게 움직이는지 의식적으로 확인할 수 없는 것은, 대통령이 동사무소에서 일하는 말단 직원이 하는 일을 모르는 것과 같아. 대충 어떤 역할을 할 거라고 추측할 수 있지만, 직접 확인할 수는 없지. 반대로 동사무소 직원은 날마다 보고를 하지만 대통령이 어떤 정보를 모아서 무엇을 하는지 모르겠지?"

"그렇지요."

"그러니 우리의 의식이 뇌에서 나오는 것이 맞지만, 오로지 세포 수준에서만 말하다 보면 올바른 설명을 할 수가 없어. 어쩌면 생리학자였던 프로이트가 무의식에 관심을 갖게 된 것도 세포 수준을 넘어서서 인간의 마음을 설명하는 것이 필요했기 때문일지도 모르지. 물론 마음의 변화가 있다면 세포 수준에서 어떤 변화가 있기 마련이야. 그러니까 연구할 때는 둘 다 다뤄야 하지. 어느 한쪽으로만 다 설명할 수는 없어."

"투비 교수님의 이야기를 들으니 뇌가 마음의 자리이지만, 마음이 곧 뇌라고 하기에는 문제가 있는 거 같아요. 그렇다면 나 자신은 과연 어디에 있는 것일까요?"

"글쎄, 그건 여기 있는 두 분처럼 저명한 학자라고 해도 저마다 의견이 다르단다. 하지만 확실한 것은 프로이트가 인간의 마음을 이해하는 새로운 길을 열었다는 거야. 우리의 마음이 생각보다 복잡하다는 것을 알려 줬지. 자아 놀이 공원이 재미있는 것도 그 복잡함 때문이 아닐까 싶어. 복잡하다는 것은 뻔하지 않다는 것이고, 그만큼 너만의 재미있는 답을 찾을 수 있는 자유와 기회도 많다는 거니까."

투비 교수의 말에 그제야 융 할아버지와 윌슨 박사 입에 살짝 웃음이 번졌다. 내 마음도 덩달아 편해졌다. 딱 무엇이 옳다고 단정 짓는 것이 아니라 다양한 이론 가운데 하나라고 인정하고 나니 더 쉽게 받아들일 수 있었다. 하지만 내 머릿속이 깔끔하게 정리되지는 않았다. 나는 투비 교수에게 다시 물었다.

"복잡하면 어렵기만 한 게 아닌가요?"

"게임도 너무 쉬우면 재미없잖아. 어려운 미션을 해결했을 때의 쾌감이 진짜 끝내 주잖아."

투비 교수는 눈을 약간 느끼하게 찡긋거렸다. 이렇게 진지한 대화를 하는데 장난을 치다니. 나는 정색하며 따져 물었다.

"교수님의 결론은 뭐예요?"

"나도 계속 찾고 있는데 말이야. 요즘은 프로이트 박사가 중시했던 본능을 다시 생각하고 있어. 그래서 오늘도 빙하 놀이관에서 신나게 놀았지. 프로이트 박사는 본능에 대해서 재미있는 제안을 많이 했어."

"아하, 또 본능을 말씀하시는군요?"

에드워드 윌슨 박사는 약간 비아냥거리는 투로 말했다. 하지만 투비 교수는 아랑곳하지 않고 말을 이어 갔다.

"흔히 인간은 호모 사피엔스(Homo Sapiens), 즉 생각하는 인간이라고 해서 합리적인 동물로 보잖아. 그런데 우리가 수백만 년의 진화를 통해 여기까지 온 것을 생각해 보자고. 인류 역사로 보면 지금 사무실 안에 들어와서 일을 보기 시작한 시간이 길까, 아니면 수렵 채취로 먹고살던 시간이 길까?"

나는 학교에서 배운 역사 지식을 총동원했다. 농경 문화가 시작된 것은 넉넉하게 계산해도 만 년 전의 일이고, 기껏 몇백 년 전에 영국에서 산업 혁명이 일어나고, 백 년 전에 이르러서야 시멘트 빌딩 안에서 일을 보기 시작했다. 그러니 오스트랄로피테쿠스에서 호모 사피엔스만 해도 몇백만 년 전의 이야기이니 아예 비교가 되지 않았다. 내가 결국 수렵 채취 생활이 훨씬 더 길다고 말하자 투비 교수는 웃으면서 대답했다.

"그렇지. 그런데 뇌는 진화를 거듭하면서 변했잖아. 기억나지? 과학책에서 인간과 원숭이의 뇌가 크기와 모양에서 어떻게 다른지 비교하는 그림들 말이야."

투비 교수의 설명은 이랬다. 우리의 두뇌는 진화의 결과물이다. 그리고 두뇌는 진화의 역사를 고스란히 저장하고 있다. 그런데 수렵 채취 생활이 다른 어떤 시대보다 더 긴 시간이었다. 그렇기 때문에 수렵 채취 생활을 할 때의 특성이 뇌에 가장 많이 저장되어 있다. 그러므로 인간의 행동을 설명하려면 기본적으로 수렵 채취 시대의 행동과 비교해서 설명하는 것이 가장 올바르다. 그런데 현대인은 자신의 조상인 원시인과 자신을 비교하는 것을 불쾌하게 여긴다.

그러나 어쨌든 현대인의 뇌에 저장되어 있는 프로그램은 주로 수렵 채취 생활을 할 때의 문제를 풀기 위해 만들어진 것이 더 많다. 그러니 인간의 행동과 마음을 설명하기 위해서는 수렵 채취 시절의 인간의 특징, 즉 본능에 집중해서 연구하는 게 더 적절하다고 투비 교수는 말했다.

투비 교수의 말은 자기 자신을 잘 알려면 차라리 원시인을 살 피라는 것처럼 들렸다. 나는 어이가 없었다. 현대 사회가 얼마나 복잡한데, 원시의 수렵 채취 생활과 비교한단 말인가? 그러나 투비 교수의 입장은 흔들림이 없었다.

"현대인이나 수렵 채취 시대의 사람이나 모두 비슷한 문제로 고민하지. 자기 짝을 찾거나, 먹을 것을 찾거나, 다른 사람과 거래하거나 이야기를 나누고 관계를 맺는 것, 아이를 키우는 것, 좋은 주거지를 선택하는 것, 공격에 대응해서 자신을 방어하는 것 등 따지고 보면 본질적으로 그리 다를 게 없어."

내가 원시인과 별 차이가 없는 존재라고? 정말 나는 그런 존재일까? 그렇다면 내가 자아실현을 한다며 발전시켜야 되는 것이 원시인의 특성인 건가, 아니면 현대인의 것이라고 여겨지는 특성인 건가? 아니면 투비 교수의 말처럼 결국 본질적으로 같은 문제이기 때문에 아무래도 상관없는 것일까?

투비 교수는 한 마디 한 마디에 힘을 주어 이렇게 말했다.

"결국 우리의 뇌는 석기 시대의 마음을 갖고 있는 것이라고."

내 안에 있는 마음이 석기 시대의 것이라는 말을 쉽게 받아들이기는 힘들었지만, 투비 교수의 설명이 설득력 있는 것은 사실이었다. 한편 생각해 보면, 투비 교수의 주장은 아까 융 할아버지에게서 들었던 집단 무의식 이야기와는 설명이 사뭇 달랐다. 그래도 투비 교수가 융 할아버지와 윌슨 박사의 입장을 절충해 설명해서 그런지, 둘 다 선뜻 반론을 제기하지는 않았다. 다만 더 많이 연구가 되어야 할 것 같다는 말을 했다. 그러자 투비 교수는 자신 있게 말했다.

"이제는 본능이냐 이성이냐, 의식이냐 무의식이냐가 아니라, 특정 행동을 만드는 것이 어떤 본능이냐를 이야기하는 것이 더 적절하다고 생각합니다."

옆에서 함께 듣고 있던 한 남자가 존 투비 교수에게 따졌다.

"교수님 말을 듣다 보니, 우리가 선사 시대의 조상처럼 살아야 한다고 말하는 것처럼 들립니다."

"그렇지는 않아요. 제가 여태까지 한 이야기를 잘 생각해 보세요. 제가 석기 시대의 마음을 이야기한다고 해서, 그 석기 시대의 마음이 옳다고 한 적은 한 번도 없습니다. 어떤 사실을 이야기하는 것과 그 사실이 옳다고 주장하는 것은 전혀 다릅니다. 저는 석기 시대의 마음이 이성적인 선택보다 더 옳다고 말하는 것이 절대로 아닙니다."

남자는 고개를 가로저으며 다시 물었다.

"하지만 저는 교수님 말씀이 꼭 그렇게 들리는걸요?"

"우리 연구를 흔히 그런 식으로 오해하지요. 하지만 무엇이 그렇다고 말하는 것과 그렇게 되어도 좋다고 말하는 것은 다릅니다. 예를 들어 원시 시대에 남자가 힘으로 여러 여자를 갖는 것이 우수한 유전자를 퍼뜨리기 위한 자연스러운 선택이었다고 이야기한다고 해서, 현대의 성폭행범이 옳다고 주장하는 것은 아닙니다."

나는 존 투비 교수의 말을 종이에 써 가면서 정리해 보았다. 자연스러움, 옳음, 사회적 허용 등 서로 다른 개념을 구별할 수 있었다. 다시 말해 자연스러운 것이라고 해서 사회적으로 허용해도 된다고 한 말은 아니었다.

"이제야 무슨 말인지 조금 이해할 것 같아요. 그런데 왜 하필 이런 오해를 많이 받는 이론을 만들었어요?"

"나는 다만 학자로서 우리의 행동을 잘 설명할 수 있는 이론을 찾고 있습니다. 우리의 행동을 분석하다 보면 결국 그 행동을 일으키는 마음의 요소를 찾게 됩니다. 그런데 그 마음의 요소는 기본적으로 환경에 적응하기 위해서 움직이는 것이지요. 그리고 우리가 적응해야 하는 환경이라는 것이 선사 시대의 생존 환경과 형태는 다르지만 본질적으로는 똑같거든요. 그러니까 수렵 채취 시대의 환경과 선택을 강조해서 설명할 수밖에 없지요. 자아 발달이라는 것도 너무 고차원적인 측면만 강조할 것이 아니라, 아예 문명조차 없던 시기를 고려한 진화심리학의 맥락에서 다뤄야 합니다."

존 투비 교수의 말이 끝나자 모여 선 사람들이 너도나도 입을 열었다. 꼭 텔레비전에서 하는 토론 프로그램처럼 이야기가 마구 번졌다. 많은 사람들이 편을 나눠 자기의 주장을 이야기하기 시작했다. 이 이야기를 들으면 그게 맞는 것 같고, 저 이야기를 들으면 또 그게 맞는 것 같아 혼란스러웠다. 머리가 어지러웠다. 자아와 마음의 이야기는 누구나 알고 있는 것 같지만, 조금만 따지고 들어도 하나도 확실한 것이 없었다. 생각의 걸음이 그 자리에 푹푹 빠져 버리는 진창인 것 같았다.

　토론은 많은 사람들이 참여하면서 점점 유치한 말꼬리 잡기로 바뀌었다. 계속 이야기를 들어 봐야 별 도움이 될 것 같지 않았다. 나중에 꼭 융 할아버지 책과 에드워드 윌슨 박사, 존 투비 교수의 이론을 더 공부해서 답을 찾겠다고 다짐하며, 전시관을 나왔다.

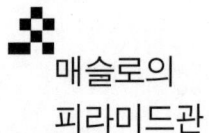
매슬로의 피라미드관

미확인 비행 물체 전시관 옆에는 매슬로의 피라미드관이 서 있었다. 피라미드는 모두 7개의 층으로 되어 있었고 층마다 색깔이 달랐다. 1층은 노란색, 2층은 파란색, 3층은 분홍색, 4층은 주황색, 5층은 밝은 남색, 6층은 보라색, 7층은 하얀색. 아니, 색이라기보다는 조명등처럼 밝은 빛이 퍼져 나오는 것 같았다. 세상에 알록달록한 피라미드라니. 아이가 레고 블록을 아무렇게나 끼워 맞춘 것을 확대한 것 같았다. 대체 누가 이런 피라미드를 만들었는지 모르지만, 분명 터무니없는 생각을 즐기는 사람임이 틀림없을 거라 생각하며 그냥 지나가려고 했다.

그런데, 피라미드관 1층에서 직원들이 빵과 음료수를 나눠 주는 것이 보였다. 어느덧 시간이 흘러 점심시간이 한참 지났음을 그제야 깨달았다. 폴러스 아줌마가 추천한 서바이벌 게임장에 가면 분명 몸을 많이 움직일 터이니 뭔가 요기를 해야 했다.

나는 자동문을 통해 피라미드관 1층에 마련되어 있는 식당으로 들어갔다. 노란색 식당은 그 안의 조명도 모두 노란색이어서 내가 커다란 노른자 안에 들어온 느낌이 들었다. 모든 게 웃기고 유치한 디자인이었지만 이상하게 마음은 편해졌다. 그리고 고맙게도 음식이 공짜였다. 일단 빵을 베어 물자 곧 언제 그랬냐는 듯이 머릿속이 말끔해졌다. 역시 맛있는 요리는 모든 걱정을 잊게 해 주는 특효약이었다.

배를 채우자 제법 여유가 생겨 옆에 앉은 아줌마의 이야기도 받아주게 되었다. 그 아줌마는 머리를 붉게 염색해서 좀 독특해 보였다. 붉은 머리 아줌마는 벌써 두 시간째 식당에만 머무르고 있다고 했다. 아줌마는 나이 들어 보이는 내 얼굴 때문에 반말을 하지 않았다. 나는 굳이 내 나이를 밝히지 않고 이야기를 나눴다. 자꾸 나이 들어 보인다는 말을 듣다 보니 정말 내 나이를 말하면 귀찮게 그와 관련된 이야기를 주고받아야 할 뿐만 아니라, 이상하게 손해를 보는 느낌이 들어서 보통 나는 내 나이를 말하지 않았다. 그 때문인지 아줌마는 아주 편하게 수다를 떨었다.

"무제한 공짜라는 사실을 여기 들어와서 알게 되었어요. 밖에 써 붙였으면 좀 좋아? 하긴 그 덕분에 사람들이 이 정도인지도 몰라요. 그렇다면 더 몰려들게 뻔하잖아요. 나는 여기에서 맘껏 먹는 것만으로 놀이 공원에 초대된 보람이 있으니 다른 곳에 갈 생각이 안 드네요. 지금까지 돌아봐서 알겠지만, 다른 데 가 봤자 힘들기만 하고 우리 나이쯤 되면 별로 새로울 것도 없잖아요? 그러니 나랑 여기서 이야기나 나누며 놀아요. 다른 시설은 다음번에 돌아보고. 나중에 정식으로 문을 열면 사람들이 많아져서 이렇게 여유 부리며 먹을 수도 없을 테니까요."

나는 잠깐 아줌마의 말에 귀가 솔깃했다. 하지만 공짜 밥이나 얻어먹자고 여기에 온 것은 아니었다. 붉은 머리 아줌마가 말하는 것은 안정이 아니라 차라리 구속이었다. 안정을 찾았다는 이유로 떠나지 못하니 말이다. 아무리 배가 불러도 여기 놀이 공원에서 꼭 얻어 가고 싶은 것이 있었다. 더구나 폴러스 아줌마가 특별히 부탁한 게임장에도 가 봐야 하니 여기서 머물 수는 없는 일이었다.

게다가 붉은 머리 아줌마의 눈치가 이상했다. 나한테 연애라도 걸 기세였다. 이놈의 인기는 왜 또래들이 아니라 아줌마에게만 있는 것인지 한탄스러웠다. 나중에 나이가 들어 진짜 지금 얼굴의 나이가 되면 그때도 인기가 있기만을 바랄 뿐이다. 나를 붙잡는 붉은 머리 아줌마의 눈길을 뿌리치고 식당 출구로 나섰다.

그런데 그게 문제였다. 1층 문은 들어오는 사람에게만 열리고 나가려는 사람에게는 꿈쩍도 하지 않았다. 한번 들어가면 나오기 힘들다는 피라미드 판매 조직이 따로 없었다. 나는 직원에게 따졌다. 직원은 7층까지 올라가야 밖으로 나갈 수 있도록 설계되었다고 말했다.

매슬로의 피라미드관

"아니 그런 법이 어디 있어요?"

나는 소리를 빽 질렀다. 하지만 직원은 이런 경우를 많이 당했는지 침착하게 말했다.

"보트를 타고 돌아보는 정글 탐험 놀이와 같다고 생각하시면 돼요. 출발점에서 시작해서 도착점에 이를 때까지 중간에 내리거나 되돌아갈 수 없잖아요. 그냥 놀이 기구에 몸을 의지해서 끝까지 가게 되어 있지요. 그렇게 해서 애초에 의도한 재미를 드리게 되어 있잖아요. 여기 피라미드도 같은 논리로 설계된 일종의 놀이 기구라고 생각하시면 됩니다."

한번 들어온 이상 끝까지 체험을 해야 한다는 말이었다. 나는 그저 음식을 먹으려고 들어온 것뿐인데, 끝까지 체험을 해야 하다니. 뭔가 속은 것 같은 기분이 들었다. 이번에도 나는 직원의 말을 무시하고 그냥 나가려고 했다. 다른 사람이 들어올 때 문이 열리면 그 틈을 타야겠다고 결심했다. 하지만 공짜 음식을 찾아 밀려드는 사람이 많아져 나가는 일이 쉽지는 않았다. 더구나 입구가 너무 좁았다. 나가려면 들어오는 사람을 밀쳐 내야 했다. 다른 사람에게 폐를 끼치면서까지 나갈 수는 없는 노릇이었다. 나는 나가는 것을 관뒀다. 붉은 머리 아줌마가 내 꼴을 보고 웃었다. 나와 눈이 마주치자 앙 입을 벌려서 빵과 음료수를 더 맛있게 먹는 시늉을 했다. 기분이 나빴다.

나는 그냥 피라미드관 2층으로 올라갔다. 귀신이 무서운 것은 귀신에 대한 확실한 정보가 없기 때문이라는 말이 있는데, 이곳에서 내가 어떻게 될지 모르니 왠지 불안하고 두려운 마음이 들었다. 다른 사람들도 똑같은 기분인지 표정들이 굳어 있었다. 2층에는 아주 넓은 전시 공간이 있었다. 앞으로 피라미드관에서 벌어질 일들에 대한 상세한 설명이 적힌 판이 벽에 군데군데 걸려 있었다. 설명판마다 사람들이 붙어 있었다. 그리고 설명판에 적힌 글을 읽기 전과 읽은 뒤의 사람들 얼굴이, 마치 성형 전과 성형 후의 사진처럼 엄청나게 차이가 났다. 나도 그랬다. 피라미드관이 어떻게 구성되어 있으며, 앞으로 어떻게 하면 나갈 수 있는지를 알게 되자 마음이 놓였다.

  2층에 있는 직원들은 형광 빛을 내는 옷을 입고 있어 눈에 확 띄었다. 그들은 사람들에게 전자 칩이 부착된 카드를 나눠 주었다. 그리고 CD 플레이어처럼 생긴 기계도 나눠 주었다. 카드를 기계에 넣자 신기하게도 홀로그램 영상이 나왔다. 나도 카드를 받아서 기계에 넣었다. 홀로그램은 자신을 나의 사이버 비서라고 소개했다. 내가 어디에 가든 필요할 때 도움말을 주겠다고 했다. 언제든 도움말을 얻을 수 있는 비서라니 든든했다.

  3층으로 올라가는 계단 앞에서 나는 홀로그램 비서에게 올라가면 무슨 일이 벌어지는지 물어보았다. 그러자 세 명이 한 팀을 이뤄서, 팀 이름을 정하고 미션을 수행해야 한다고 대답해 주었다.

  듬직한 사이버 비서를 믿고 거리낌 없이 3층으로 올라갔다. 나는 아까 설명판을 읽을 때 눈인사를 나눈 사람들과 자연스럽게 팀을 만들었다. 처음에는 어색했지만, 팀 이름을 정하다 보니 금방 친해졌다. 곧 서로 손을 잡고 팀 이름을 외치기도 했다. 이름도 서로 편하게 불렀다. 상철이 아저씨는 마흔 살이었고, 수진이는 중학교 3학년 여학생이었다.

준비가 되었다고 하자, 3층 입구에 있던 직원은 우리 팀의 이름이 적힌 명찰을 나눠 주었다. 모두 얼마 전까지 전혀 모르는 사람들이었지만, 일단 팀을 이루고 자기 소개를 하고 나니 함께 한다는 소속감이 느껴졌다.

3층은 중세 시대의 감옥을 본뜬 영화 세트장 같았다. 여러 방이 있었는데, 방마다 미션이 달랐다. 방 옆에는 저마다 미션 수행 요령을 알려 주고 진행 사항을 확인하는 직원이 서 있었다. 각 방의 미션은 오직 한 명만 들어가서 수행할 수 있었지만, 그 결과를 합쳐 팀 전체의 합격 여부를 결정하는 것이 원칙이라고 했다.

첫째 미션은 60초 안에 좁은 통로를 기어가서 열쇠를 가져오는 것이었다. 물론 순순히 열쇠를 내놓지는 않았다. 진한 액체가 담겨 있는 여러 병 중 하나에 숨겨진 열쇠를 찾아야 했다. 그 열쇠는 둘째 미션을 수행해야 할 방의 열쇠였다. 몸이 크거나 행동이 굼뜨면 성공할 수 없는 미션이었다. 누가 하면 좋을까 하고 서로를 보는데, 시선이 수진이에게 모아졌다. 수진이는 싫다는 말도 없이 자기가 하겠다고 나섰다. 직원은 60초 안에 못 나오면 다른 팀원이 미션 수행에 성공할 때까지 감옥에 갇혀 있게 될 것이라고 말했다.

　수진이는 긴장을 많이 하면서 방 안으로 들어갔다. 통로는 빨리 통과했다. 문제는 어떤 병을 선택하느냐 하는 것이었다. 하나하나 다 뒤집어서 열쇠를 찾는다면 아주 운이 좋아야 시간 안에 성공할 수 있었다. 수진이는 재치를 발휘했다. 귀를 가까이 갖다 대고 병을 흔들었다. 진한 액체 때문에 보이지는 않아도 열쇠가 있다면 병에 부딪히는 소리가 날 것이다. 결국 세 번 만에 열쇠가 담긴 병을 찾아 열쇠를 꺼냈다. 그리고 여유 있게 밖으로 나왔다. 똑같은 미션이라고 해도 내가 했으면 실패했을지도 모를 일이었다. 이래서 팀으로 나눠 도전하는 것이 좋은 거구나 싶었다.

　둘째 미션은 두 사람이 힘을 합쳐 밖에서 무거운 것을 들고 버티는 사이에 다른 한 사람이 조각 맞추기 퍼즐을 다 완성하는 것이었다. 이것은 방 안으로 들어간 아저씨가 머뭇거려서 아슬아슬하게 성공했다. 내 또래 여자 아이와 함께 무거운 것을 들고 있자니 힘에 부쳤지만, 첫째 미션 때 아저씨가 들어가서 실패했다면 어땠을까 생각하며 마음을 다잡았다. 만약 그랬다면 둘째 미션에서 나 혼자 무거운 것을 들어야 했을 것이다.

　미션이 진행될수록 서로가 참 잘 만났고 미션을 잘 나눠서 하고 있다는 생각을 하게 되었다. 고작 몇 십 분 전만 해도 전혀 모르는 사람이었다는 생각이 들지 않을 정도로 친밀함이 느껴졌다.

　마지막 미션은 뱀이 가득한 방으로 들어가서, 더 큰 뱀이 들어가 있을지도 모르는 여러 광주리를 열어 열쇠를 찾아야 했다. 나는 뱀을 싫어했지만, 그렇다고 흑기사를 요청하거나 포기할 수는 없는 노릇이었다. 모두 하나씩 미션을 수행했는데 나만 물러설 수는 없었다.

나는 크게 심호흡을 하고 방에 들어섰다. 밖에서 볼 때보다 더 무서웠다. 가까이에서 날름거리는 뱀의 혀가 느껴지고 쉭쉭거리는 소리가 들리자 몸이 얼어붙었다. 팀원들이 응원하는 소리도 들리지 않았다. 그때 위에서 툭 뱀이 떨어졌다. 나도 모르게 벌렁 뒤로 나자빠졌다. 그리고 이내 게처럼 걸어 방문 앞까지 물러났다. 여러모로 모양새가 빠지는 꼴이었지만, 체면이고 뭐고 없었다. 쿵쿵쿵. 내 뒤에서 진동이 느껴졌다. 팀원들이 문을 치면서 힘을 내라고 하는 것이었다. 그제야 목이 터져라 응원하는 팀원의 소리가 들렸다.

심호흡을 다시 했다. 그리고 2층 설명판에서 봤던 내용을 다시 떠올렸다. 여기서 겪는 일은 모두 100퍼센트 안전이 확보된 일이라는 것 말이다. 뱀에 독이 있지는 않을 것이라는 생각이 들자, 무서움이 좀 덜어졌다. 뱀이 기분 나쁜 것은 어쩔 수 없지만 일단 빨리 끝내고 나가자고 결심했다. 떨어진 뱀을 밟지 않으려고 조심하면서 앞으로 나아갔다. 멀게만 느껴지던 광주리까지 어렵지 않게 도착했다.

광주리를 열었다. 하마터면 또 게걸음으로 방문 앞까지 물러날 뻔했다. 방 안에 널린 실뱀과는 비교가 되지 않을 정도로 큰 뱀이 또아리를 틀고 있었다. 나는 다시 얼어붙었다. 하지만 아까와는 다르게 팀원들의 말이 그나마 들렸다.

"그렇게 멍하니 서 있지 말고, 광주리 뚜껑을 써서 뱀을 옮겨 봐."

'그래, 손으로 잡지 않으면 좀 나을 거야.' 나는 스스로 타이르며 광주리 뚜껑으로 뱀을 조금씩 밀쳤다. 뱀은 순순히 물러났다. 뱀 아래에는 아무것도 없었다. 다시 옆 광주리를 열었다. 마찬가지였다. 이런 식으로 하다가는 시간을 다 쓸 것 같았다. 에라. 나는 될 대로 되라는 심정으로 남은 3개의 광주리를 다 엎어 버렸다. 뱀들이 쏟아졌다. 그중 하나에서 열쇠가 떨어지는 것이 보였다. 잽싸게 광주리 뚜껑으로 뱀을 밀치고 열쇠를 집어 들었다. 그리고 뱀이 밟히거나 말거나 부리나케 뛰어 문 밖으로 나왔다.

내가 마지막 얻은 열쇠는 여태까지의 것보다 더 컸다. 그 열쇠는 4층으로 가는 커다란 문을 여는 열쇠였다. 우리 팀은 제자리에서 아이처럼 콩콩 뛰며 좋아했다.

4층은 휴게실이었다. 1층보다 훨씬 고급스럽고 안락한 카페로 꾸며져 있었다. 친해진 팀원들과 이야기를 나누기 좋았다. 시원한 주스를 주문하고 숨을 돌리고 있는데, 아저씨가 나를 놀렸다.

"으이그, 사내자식이 완전히 쫄아서. 그게 뭐냐?"

나는 잘했다고 칭찬받을 줄 알았는데, 전혀 다른 반응을 얻자

서운했다. 아저씨는 계속 나를 놀렸다.

"그거 좀 놀렸다고 삐치는 것 보게. 수진아. 저것 봐. 상준이 입이 썰면 세 접시는 되게 나왔네."

나는 기분이 나빠서 고개를 돌렸다. 수진이는 밝은 목소리로 말했다.

"아녜요. 오빠가 얼마나 잘했는데요. 뱀들이 그렇게 많은 곳은 처음 봤어요. 저 같으면 정말 지레 포기했을 거예요. 오빠나 되니까 용기 내서 이렇게 성공한 거지요."

수진이가 나를 인정해 주다니 고마웠다. 아저씨는 흠흠 헛기침을 하면서 더 말을 하지 않았다. 그러더니 화장실이 급하다며 어정쩡하게 인사를 하고 가더니 다시 오지 않았다. 같은 팀으로서 모든 것을 함께한다는 소속감을 가졌다 싶었는데 아저씨의 행동은 정말 어이 없었다. 어른들은 아이들더러 자기 맘대로 하려 한다고 뭐라고 하지만, 이럴 때 보면 어른이 더 이해되지 않는

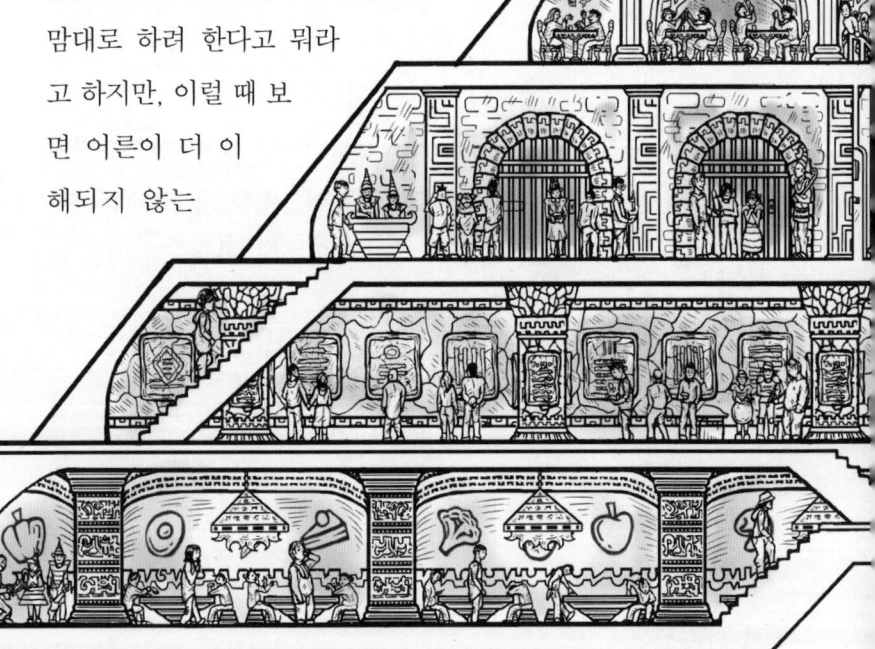

 행동을 하는 것 같다. 어른이라고 꼭 모든 점에서 아이보다 나으라는 법이 없다는 걸 알지만, 이런 경험을 할 때마다 어른들에게 서운하고 화가 난다. 아저씨와는 안 좋게 헤어졌지만, 그래도 수진이와 친해져서 다행이라고 스스로 위로하며 상한 마음을 풀었다.

 우리는 5층으로 함께 올라갔다. 거기는 도서관이었다. 우주생물에 대한 이야기, 사랑의 과학, 연금술 등 호기심을 불러일으키는 주제에 대한 책으로 가득 차 있었다. 나와 수진이는 홀로그램 비서의 안내를 받아서 각자 원하는 책을 보기로 했다.

나는 게임에 관한 책을 찾았다. 그런데 게임 그래픽에 관한 책이나 매뉴얼 책뿐만 아니라, 신기하게도 『게임으로 철학하기』라는 책이 있었다.

세상에나, 게임으로 철학을 하다니! 부모님께 보여 드리면 잔소리를 막는 데 효과가 있을 거라 아주 좋겠다 싶어 책을 골라 들었다. 하지만 막상 책의 내용은 만만하지 않았다. 책에는 왜 하필 중세 시대 마법과 관련된 게임이 많은지, 지하 감옥과 미로를 헤매는 게임에 숨어 있는 욕구는 무엇인지 따위가 적혀 있었다. 내가 좋아하는 게임에 대해서 그저 잘하기만 하면 되는 줄 알았는데, 게임 개발자의 입장에서 게임을 보고 게임 평론가의 입장에서 분석을 하니 사뭇 느낌이 달랐다. 평소에는 느끼지 못했지만 내가 이런 것을 궁금해하고 있었다는 사실도 깨달았다. 비록 그 책 하나로 다 알게 된 것은 아니지만, 호기심을 갖는 것만으로도 이미 많이 알게 된 느낌이었다. 『게임으로 철학하기』의 마지막에는 이렇게 쓰여 있었다.

책을 통해 궁금한 문제에 대한 답을 얻으려 하기보다는, 답이라고 생각했던 것에 대한 질문을 얻어라. 질문을 해결하려는 열정과 호기심에서 또다른 지식이 나온다. 반면 다른 사람의 답을 그대로 머리에 복사하는 것은 오래된 책에서 날 법한 퀴퀴한 냄새를 풍기게 되어 사람들에게서 멀어질 뿐이다.

그동안 동네 도서관에 마지못해 가서 곧장 잠이나 자던 때와는 사뭇 다른 느낌이었다. 평소 모범생처럼 공부하는 장면을 떠올리면 두드러기가 나는 나였지만, 이번에는 진득하게 자리에 앉아 책을 읽고 싶은 마음마저 들었다. 나는 도서관 직원에게 『게임으로 철학하기』처럼 재미있으면서도 의미 있는 책을 추천해 달라고 했다. 내 지식 수준으로도 쉽게 읽을 수 있는 책으로 말이다. 직원은 친절하게도 이메일을 남겨 놓으면 분야별로 책을 몇 권 골라 알려 주겠다고 말했다. 그러고 나서 직원은 진지한 표정으로 언제든 도서관을 이용해 달라고 부탁했다.

"여기 도서관을 나가더라도 이것만은 잊지 말아 주세요. 도서관에 가득 찬 진귀한 책들은 내가 알아야 할 것이 아주 많다는 것만을 의미하는 것은 아닙니다. 그것은 또한 내가 무언가 알고 싶을 때 도움받을 기회가 그만큼 많다는 것을 의미하기도 하지요. 도서관은 지식이 많은 사람이 찾는 곳이 아닙니다. 도서관에 오실 때는 지식을 원하는 마음만 있으면 됩니다."

맞다. 5층 도서관에서 모르는 것을 많이 보게 되었지만 화가 나지 않았다. 학교에서는 수업 시간이나 시험을 볼 때 모르는 것이 많이 나오면 화가 났는데도 말이다. 나는 신이 났다. 내가 지식을 원하는 마음을 갖게 되다니. 두드러기가 나는 것이 아니라 신이 난다는 사실에 더 뿌듯했다. 그 덕분에 6층으로 올라가는 발걸음이 가벼워졌다.

6층은 아름다운 미술 작품들이 전시되어 있었다. 질서정연하게 액자가 늘어서 있는 모습 자체가 하나의 작품이었다. 렘브란트, 르누아르, 앵그르, 마네, 고흐, 피카소 같은 여러 화가의 명작들을 감상하며 홀로그램 비서의 설명까지 듣다 보니 마음이 풍성해지는 느낌이었다.

특히 내 눈길을 끈 그림은 뭉크의 〈사춘기〉였다. 내가 사춘기이기 때문일까? 내가 가끔 느꼈던 감정이 표현된 것 같아 마음이 끌렸다. 나는 발가벗은 채 홀로 남겨진 소녀의 모습에서 불안을 느꼈다. 앞을 똑바로 바라보는 소녀의 표정은 무언가 두려워하고 있었다. 소녀의 표정만이 아니었다. 소녀 뒤의 크고 시커먼 그림자도 불안한 마음을 더 크게 만들었다. 나는 가끔 내가 어디로 가는 건지 알 수 없는 불안감 같은 것을 느끼곤 했는데, 이 그림에는 그런 느낌이 표현된 것 같았다. 무언가 느끼기는 했지만 잘 알 수 없거나 일부러 알려고 하지 않았던 것을 다시 보게 하는 그림이었다. 그림을 보며 생각할수록 저 그림 속 인물이 나라는 생각이 들기도 했다.

1층에서 밥을 먹을 때만 해도 이런 경험을 하게 되리라고는 예상하지 못했다. 아니, 평소에도 예술 작품을 보면서 이렇게 가슴속에서 뭔가가 뭉클하고 올라오는 기분을 느껴 보지는 못했다. 그냥 겉으로 드러난 것을 보기 좋네, 싫네 하는 식으로 감상했다. 하지만 지금은 달랐다. 밖의 것과 내 안의 것을 이어주는 눈이 생겼다고나 할까? 이렇게 말하면 미술 평론가나 되는 양 이야기하는 것같이 들리겠지만 말이다.

뭉크, 〈사춘기〉, 1944년.

홀로그램 비서는 이 그림이 사춘기 시절의 불안감을 표현한 것이지만, 그와 함께 시대의 불안을 표현한 것이기도 하다고 설명했다. 나는 시대의 불안까지는 알 수 없었지만, 사춘기 시절의 불안감만큼은 확실히 알 수 있었다.

정말 다양한 나를 경험하는 날이었다. 게임의 그래픽에만 열광하던 내가 이렇게 명화를 감상하며 감동받을 줄이야. 더하여 그림을 그리고 싶기까지 했다. 하긴 게임에 나오는 촉수 괴물을 제대로 겁나게 그리고 싶기는 했다. 그러나 이렇게 내 마음에 드는 것을 많이 보고 싶고, 그리고 싶은 경험은 처음이었다. 전혀 다른 내가 된 듯한 뿌듯함에 저절로 환한 미소가 지어졌다.

마지막 7층은 하얀빛으로 가득 찬 방이었다. 피라미드의 맨 꼭대기여서 가장 좁을 텐데도 더 넓은 느낌이었다. 이 빛이 온 세상을 비추고도 남을지 모른다는 생각이 들 정도로 신비하면서도 강렬했다. 빛이 너무 밝아 홀로그램 비서가 제대로 보이지 않았다. 나는 기계를 껐다.

7층에 있던 직원은 하얀 옷을 입고 있었는데 옷에서 아침 햇살 같은 빛이 퍼져 나오고 있었다. 자체로 빛을 내는 옷이 있다면 굉장히 이상할 것 같았는데, 막상 눈으로 보니 굉장히 멋이 있었다. 원래 7층은 뭔가 미션을 해야만 올라오는 곳이지만, 오늘은 특별히 관람할 수 있도록 해 주는 것이라고 했다.

그러면 원래는 무슨 미션을 수행하는 것이냐고 물었더니 자아실현의 미션이라고 했다. 대체 그런 어마어마한 미션을 수행할 사람이 누가 있겠냐고 물었다. 직원은 간디나 토머스 제퍼슨을 비롯해 위인전에 나오는 인물들처럼 자기 잠재력을 발휘한 사람이 자아실현의 미션에 성공한 사람이라고 대답하며 웃음을 지어 보였다. 그러고는 7층에 전시되어 있는 여러 위인들의 유품과 사진을 설명하며 자아실현에 대해서 이야기했다. 그런데 그 말을 듣고 있던 어떤 외국인이 나섰다.

"꼭 위인전에 나오는 인물만 그런 것은 아니야. 자네 주변에 있는 사람이라고 해도 이런 특성을 가진 사람이라면 자아실현을 한 사람이라고 할 수 있어."

직원은 그 외국인에게 머리를 조아렸다. 뭐 대단한 사람인가 싶어 슬쩍 직원에게 물었더니, 그가 바로 이 피라미드관을 설계한 에이브러햄 매슬로 박사라고 했다. 그는 자아실현에 대해서 사람들의 질문을 예상해 답변을 미리 준비해 놓았다며 내게 종이 한 장을 내밀었다. 그 종이에는 자아실현을 한 사람의 특성이 빼곡히 적혀 있었다.

〈자아실현을 한 사람의 대표적 특성 세 가지〉

첫째, 자아실현을 한 사람은 현실 중심적이다. 헛된 이상이 아니라 실제 의미가 있는 것을 추구할 줄 안다. 그래서 어려움이 닥쳐도 도망가려고 하지 않는다. 현실에서 해결하려고 노력한다. 다시 말해, 그 어려움을 딛고 일어나 새로운 성장의 기회로 삼는다.

둘째, 열린 마음을 갖고 있다. 다른 사람이나 인종, 문화, 자연 등 세상의 모든 것에 대해서 다양성을 인정한다. 특히 자신과 남을 있는 그대로 받아들인다. 그래서 평범한 사람들과 다른 신선한 판단을 내린다. 아무리 다른 사람이 자신을 대단하다고 해도 교만해지지 않거나 창의적인 것도 같은 이유에서이다. 열린 마음을 갖고 있으면서 많은 것을 알고 경험하려 하니 여러 분야에 통달하기도 한다. 그리고 그 기쁨을 누리기 위해 끊임없이 노력한다.

셋째, 인간미가 넘친다. 그래서 알고 지내는 사람들과 깊은 마음의 교류를 한다. 또 다른 사람들이 고통받는 문제에 대해서도 관심을 갖는다. 뿐만 아니라 혼자 있든 다른 사람과 함께 있든 진실을 추구하기 때문에 마음과 행동의 변화가 거의 없다.

내가 감명받은 모습을 보이자, 매슬로 박사는 자신이 설계한 욕구 피라미드의 기초 원리까지 설명해 주었다.

"인간의 욕구는 바로 피라미드처럼 위계를 가지고 있어. 다시 말해 높은 수준의 욕구에 올라오려면 먼저 낮은 수준의 욕구가 해결되어야 해. 일단 먹고 쉬는 기본적 생리 욕구가 해결되지 않는다면, 가장 위에 있는 자아실현 욕구도 생기기 힘들어. 그러니 성장을 하려는 사람은 자신의 욕구가 지금 어느 단계에 있는지 확인해서 그에 맞는 행동을 하는 것이 중요하지."

매슬로 박사는 종이 뒤에 피라미드 그림을 그려 주었다. 덕분에 내가 경험한 과정이 한눈에 정리되었다.

1층 식당에서 생리적 욕구를 해결했던 기억이 났다. 그다음에

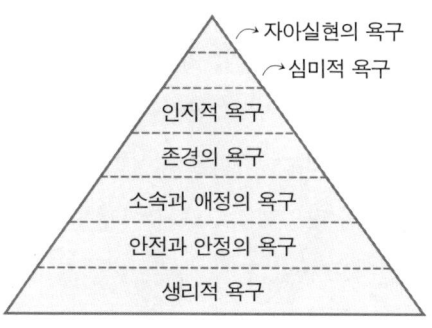

매슬로의 욕구 피라미드

2층에서 설명판을 보면서 마음이 안정되었던 것과 3층에서 팀을 이뤄 소속감을 느끼며 좋아했던 것도 생각났다. 그리고 4층에서 아저씨에게 무시당해 기분 나빴던 것은 존경의 욕구가 충족되지 않아서였다. 그나마 수진이가 인정해 줘서 다음 단계로 갈 수 있었다는 생각이 들었다. 5층은 인지적 욕구를 자극하기 위해서 도서관을 꾸며 놓아 내가 갖고 있던 지식에 대한 욕구가 무엇인지 확인할 수 있었다. 또 6층을 미술 전시실로 꾸민 것과 7층을 빛이 가득한 위인 박물관으로 꾸민 것 등, 왜 지금과 같은 모습으로 피라미드를 설계했는지 자연스럽게 이해가 되었다.

비록 피라미드관에서는 7층까지 올 수 있었지만, 실제 내 위치는 어디일까 생각해 보았다. 생존의 단계를 넘어, 그리고 가족이나 학교에 대한 소속의 욕구를 넘어, 이제는 존경의 욕구가 강한 단계에 와 있는 것 같았다. 언제부터인가 부모님이나 선생님이 그냥 시키는 대로 행동하라고 하면 무시당하는 것 같아 기분이 나빴다. 나도 이제 더 이상 아이가 아닌 것을 인정받고 싶고, 다른 사람에게 존경을 받고 싶었다. 하지만 지금 나를 존경하는 사람은커녕 인정하는 사람조차 없다. 욕구가 해결되기까지는 너무 거리가 먼 탓일까? 그래서 아저씨가 놀렸을 때 민감하게 반응한 것인지도 몰랐다.

매슬로 박사는 헤어질 때 나에게 이렇게 당부했다.

"자네의 잠재력을 극대화할 수 있는 일을 찾게나. 자네가 음악적 재능이 있는데 은행원으로 일하게 된다면, 자기실현 욕구가 방해받아서 결국 행복할 수 없게 될 것일세. 평생 욕구 불만으로 쌍심지 켜면서 살고 싶지는 않겠지? 부디 낮은 수준의 욕구를 채우고, 결국 자아실현까지 해내서 삶의 빛을 밝히며 행복하게 살기를 바라네."

에릭슨의 서바이벌 게임장

 매슬로 박사가 심각한 이야기를 해서 기분이 무거웠다. 하지만 답답한 건물을 벗어나 탁 트인 서바이벌 게임장에 도착하자 그런대로 기분이 상쾌해졌다. 평소 온라인 게임을 통해 작전 수행과 관련된 군대식 용어에 익숙해져 있었고, 나름대로 프로게이머가 될까 고민할 정도의 수준이었기 때문에 어느 곳보다도 더 시간을 재미있게 보낼 수 있을 것 같았다.
 게임장 입구에는 주의 사항을 적어 놓은 큰 안내판이 걸려 있었다. 주의 사항은 안전사고에 대한 내용이 대부분이었다. 게임 규칙은 단순했다. 어느 한 팀이 고지에 있는 상대편 깃발을 빼앗거나, 상대편을 모두 몰살시키면 게임이 끝나는 것이었다. 게임 팀은 에릭슨 팀, 스키너 팀으로 나누어져 있었다.

나는 스키너의 입체 게임관에서 실망했던 것도 있고, 폴러스 아줌마의 추천도 있고 해서 별 고민 없이 에릭슨 팀을 선택했다. 팀 이름을 말하자 직원은 나에게 15번이라는 숫자가 적힌 군복과 군화를 주었다. 장갑, 탄띠, 헬멧, 고글과 방탄 마스크, 방탄 조끼까지 갖춰 입고 거울을 보니 긴장이 되었다. 직원은 나를 대기 장소로 데려갔다. 그곳에는 나와 같은 군복을 입은 사람들이 여럿 앉아 있었다. 세어 보니 나까지 딱 열다섯 명이었다. 가운데에 앉아 있던 한 사람이 일어나 내 어깨를 따스하게 감싸 주며 말했다.

"긴장할 것 없어. 내가 팀장으로 끝까지 함께 갈 거니까."

팀장이라고 자신을 소개한 사람의 가슴에는 에릭슨이라고 이름표가 붙어 있었다. 에릭슨 팀장은 나더러 자기를 믿으라고 했다. 처음 보는 사람에게 믿으라고 하고 바로 반말을 쓰다니, 나는 어이없었다. 아무리 내가 어리다지만, 그래도 자신이 어른이라고 함부로 대하는 것 같아 싫었다. 일부러 불쾌하다는 표정을 지어 보였다. 하지만 방탄 마스크를 끼고 있어서 에릭슨 팀장은 내 표정을 보지 못한 것 같았다. 에릭슨 팀장은 큰 소리로 사람들을 불러 모았다. 그리고 게임 중에 주의해야 할 사항을 전달하고는 번호 순서대로 차례로 서게 했다.

"이제 무전기나 손가락 신호로 번호를 불러 가며 지시를 내릴 테니, 정신을 바짝 차려야 할 것이야. 아차 하는 순간에 생사가 갈릴 수 있으니 잘 생각하면서 게임을 해 줬으면 좋겠어."

팀장은 무전기로 우리에게 눈앞에 있는 작은 동굴같이 생긴 통로를 통과하라는 지시를 내렸다. 통로는 허리 높이밖에 안 되어 기어서 통과하는 수밖에 없을 것 같았다. 저쪽에 뭐가 있는지, 바닥이 지저분하지는 않을지 몰라 다들 머뭇거렸다. 팀장이 다시 빨리 통과하라는 지시를 내렸다. 아까보다 더 엄한 목소리였다.

'처음 본 사람의 말을 왜 들어야 하지? 혹시 나를 골탕 먹이려고 이러는 거라면 어떻게 하지? 저쪽에 깜짝 놀랄 것을 미리 놔뒀다면? 난 귀신이라면 딱 질색인데……'

이런 생각들 때문에 몸이 쉽게 움직여지지 않았다. 다른 사람들도 나와 비슷한 생각을 하는지 머뭇거리고만 있었다. 그러자 에릭슨 팀장은 팀원을 한 사람 한 사람 붙잡고 뭐라고 했다. 무전기를 꺼 놓아서 무슨 말을 하는지는 알 수 없었다. 팀장은 마지막으로 15번인 나에게 왔다. 그는 불안해하는 나를 다 이해한다는 눈빛으로 말했다.

"내가 약속할게. 분명 재미있을 거야. 자, 이제 나와 함께 가자."

팀장은 아까 엄하게 지시를 내리던 목소리와는 아주 다르게 말했다. 그리고 내 두 손을 잡아 주었다. 장갑을 끼고 있는데도 따스한 느낌이 전해졌다. 마음이 편해졌다. 나는 용기가 났다.

'그래 팀장을 믿어 보는 거야.'

이렇게 속으로 외치면서 팀장의 뒤를 따랐다. 하지만 모든 사람이 다 팀장의 뒤를 따른 것은 아니었다. 나는 이미 내 길을 선택한 이상 뒤에 남은 사람들을 신경 쓰지는 않았다. 나는 팀장의 말처럼 앞으로 근사한 일이 벌어질 것이라는 희망을 갖고 어두운 통로를 기기 시작했다. 프로이트의 빙하 놀이관의 미로보다 더 어두운 통로였다. 더듬거리다가 물컹거리는 게 손에 닿아 깜짝 놀라기도 했다. 그럴 때마다 어떤 사람은 팀장을 큰 소리로 욕하기도 했다.

"뭐야. 이건 약속이 다르잖아."

통로 안에서 화난 목소리가 쩌렁쩌렁 울렸다. 그 소리가 듣기 싫어 나는 스스로 다독이는 말을 했다.

'괜찮을 거야. 팀장을 믿자. 한번 믿어 보자고.'

통로 안에서 갈림길이 나왔다. 팀장은 왼쪽으로 오라고 지시했다. 그러자 어떤 사람이 왼쪽은 왠지 불길하다며 오른쪽으로 가자고 했다. 그 사람의 말에 다른 팀원 몇 명이 동요하기 시작했다. 자기들끼리 뭐라고 이야기를 나누는 내용이 무전기로 고스란히 전해졌다. 팀장을 믿지 못한 사람들은 반대쪽으로 사라졌다. 팀장은 이런 상황에서도 변함없는 목소리로 차분하게 지시를 내렸다. 나는 그 모습에 더욱 믿음이 갔다.

통로를 나와 다시 밝은 빛을 보게 될 때까지 갈림길이 여러 번 나왔다. 갈림길마다 몇몇이 팀장의 지시와 다른 길을 선택했지만 나는 팀장을 열심히 따랐다. 통로를 나오자 팀장은 시원한 물이 담긴 수통을 나에게 건넸다. 내가 고맙다고 하자 팀장은 이렇게 말했다.

"배고파하는 아이를 위해서 엄마가 젖을 물리는 것이 당연하듯이, 이것도 내가 여러분의 팀장으로서 당연히 해 줘야 하는 일 중 하나야."

통로 옆의 쉼터에 앉아서 숨을 돌렸다. 물을 마시고 나서야 여유가 생겨 동료들이 눈에 들어오기 시작했다. 주변을 둘러보니 결국 제1단계 미션을 통과한 사람은 열다섯 명 중 절반이 조금 넘는 여덟 명에 지나지 않았다. 그래도 팀장은 크게 실망한 것 같지 않았다. 팀장은 우리에게 훈장같이 생긴 것을 가슴에 달아 주었다. 잔뜩 기대하면서 봤는데, 훈장에는 갓난아이가 그려져 있었다. 장난하는 것도 아니고 이게 뭔가 하는데, 에릭슨 팀장이 입을 열었다. 방금 전까지와는 다르게 존댓말로 했다.

"이제 여러분은 서바이벌 게임장의 제1단계를 무사히 통과했습니다. 인생으로 비유하자면 한 살, 즉 돌잔치를 할 수 있는 정도가 된 것이지요. 그래서 여러분께 그에 맞는 훈장을 선물로 드렸습니다. 앞으로 미션을 성공할 때마다 훈장을 더 많이 받게 될 것입니다."

에릭슨 팀장은 엄숙한 표정을 거두고 마음씨 좋은 웃음을 지어 보였다. 그리고 흥미로운 사실을 털어놨다.

"사실 나는 이 서바이벌 게임장을 설계한 사람입니다. 처음부터 이 사실을 밝히지 않은 것은 첫 번째 단계의 특성 때문이었습니다."

에릭슨 팀장은 하버드대학교 심리학과 교수라고 했다. 그런데 정작 자신은 대학을 나오지 못하고 고등학교까지만 정규 교육을 받은 사람이라고 했다. 그렇다고 자기 자신을 부끄러워하지는 않았다. 그런 그의 당당한 모습에 더 믿음이 갔다.

"나는 아버지가 누구인지 모르는 상태에서 태어났습니다. 그래서 '나는 과연 누구일까?'라는 질문을 많이 하면서 자랐지요. 예술가로 살려고 마음을 먹고 있었는데 우연히 정신분석 이론을 접하게 되었습니다. 프로이트 박사의 따님이자 정신분석학자였던 안나 프로이트 박사의 강연을 들었지요. 바로 이거다 싶더군요. 정신분석 이론을 공부하면서 나는 인간의 마음과 역사 등에 대해서 깊이 생각하게 되었습니다."

에릭슨 팀장은 인도의 마하트마 간디와 독일의 마르틴 루터, 미국 원주민 등을 연구하면서 인간의 일생을 여덟 단계로 나눌 수 있음을 깨달았다고 했다. 그래서 서바이벌 게임장도 여덟 단계를 거칠 수 있도록 미션을 만들었다고 말했다.

"우리는 살면서 여덟 단계의 시기마다 마음의 위기를 겪게 됩니다. 이것을 나는 정체성의 위기라고 표현합니다. 그리고 그 위기의 시기마다 성숙하느냐 못하느냐가 결정됩니다. 따라서 성숙은 청소년기 한때의 문제가 아니라 살면서 계속되는 것입니다."

정체성의 위기? 많이 들어 본 말이었다. 그렇다면 '정체성'이라는 말도 에릭슨 팀장이 만든 말이냐고 물었다. 팀장은 그렇다고 했다.

"자아 정체성이 형성되는 데에는 무의식만 영향을 끼치는 것이 아닙니다. 사회의 영향력도 매우 중요하지요. 나는 여러분이 이를 직접 느낄 수 있도록 미션을 준비했습니다."

"구체적으로 어떤 미션이 나옵니까?"

한 팀원이 에릭슨 팀장에게 물었다. 팀장은 자세히 말해 줄 수는 없다고 했다. 다만 방금 전에 겪은 제1단계 통로 미션이 '신뢰'와 '불신'이라는 대립되는 태도를 낳도록 구성된 것처럼, 앞으로 겪을 미션에서도 서로 대립되는 태도나 가치를 마주하게 될 것이라고 밝혔다. 그리고 그 사이에서 균형을 잡는 것이 미션의 목적이라고 했다.

에릭슨 팀장은 우리에게 서바이벌 게임장을 진정으로 즐기기 바란다고 했다. 그리고 자기를 믿고 여기까지 와 줘서 고맙다고도 했다.

"아마 여러분은 다음 미션에서도 성공할 수 있을 것입니다. 기본적으로 인간 관계에서 신뢰감이 형성된 유아는 나중에 사회에 나가더라도 성공적으로 적응하니까요. 반면 불신감이 형성된 유아는 나중에 결혼을 해서도 상대방을 믿지 못하거나, 아무나 신뢰하게 되어 문제를 일으키는 등 비정상적인 행동을 할 수 있습니다. 이렇듯 인간은 성장의 단계에 특정 태도가 무의식에 박혀 삶에 계속 영향을 주게 됩니다."

나는 통로 미션에서 탈락한 팀원들도 그렇게 되는 거냐고 물었다. 에릭슨 팀장은 이번 미션뿐만 아니라 앞으로 있을 미션에서도 모든 탈락자는 실패한 단계에서 더 머무르다가 아무것도 얻지 못한 채 다음 단계로 이동하게 될 것이라고 했다. 그래서 같은 상황에 놓여도 앞 단계의 미션에서 성공한 사람과 차이가 있는 행동을 하게 되고, 미션이 훨씬 더 힘들게 느껴질 것이라고 했다.

"어떤 사람은 정체성의 위기를 극복하지 못하고 계속 그 수준에 머물러 있습니다. 그렇지만 어떤 사람은 그 위기를 자아 발달의 기회로 삼아서 마치 놀이를 하듯이 즐기기도 하지요. 그래서 같은 어른이라고 해도 힘든 일이 닥쳤을 때 어린아이같이 징징거리며 마음의 안정이 쉽게 무너지는 사람이 있는가 하면, 그와 달리 용감하게 맞서는 사람도 있는 것입니다."

나는 제1단계에서 탈락한 팀원들을 떠올렸다. 아직도 불신감에 휩싸여 미로 같은 통로를 헤매다 지쳐서 무기력하게 누워 있거나 서로를 욕하고 있을 모습이 눈에 선했다. 그들이 불쌍했다. 그리고 팀장을 믿길 잘했다는 생각에 안도의 한숨이 절로 나왔다.

에릭슨 팀장은 팀원들에게 언덕 위로 올라가라고 지시했다. 그곳에 어떤 것이 있을지 모르지만 아까 제1단계 때처럼 팀장을 믿지 못해 불평하는 목소리는 하나도 나오지 않았다. 팀장이 호루라기를 부는 대로 힘차게 구령을 외치며 언덕을 타고 올라갔다. 언덕 꼭대기에 도착해 보니 시멘트로 지은 커다란 건물이 있었다. 건물 벽은 색이 하나도 칠해지지 않아 우중충한 회색이었다. 건물에서 풍기는 느낌이 별로 좋지 않았다. 건물 앞에는 일곱 명이 누워 있었다. 그들은 우리를 보자 엉거주춤 일어서서 천천히 다가왔다. 그들은 목이 타는지 허리에 차고 있는 내 수통을 쳐다봤다. 내가 허리띠를 끌러 수통을 건네주려고 하자 팀장이 내 손을 잡았다.

"아직은 아니야. 이 사람들은 1단계 미션을 수행하지 못해서 지금 벌을 받고 있는 중이라고."

에릭슨의 서바이벌 게임은 도전 결과에 의한 보상과 처벌이 확실하다는 생각이 들었다. 우리를 기다리고 있던 일곱 명은 팀장을 원망스럽게 바라보았다. 지금까지 인자했던 팀장은 더할 나위 없이 냉정하게 변했다. 그 사람들은 무의식적으로 자기 손을 입으로 가져가 손톱을 물어뜯기도 하고, 심지어 아기처럼 손가락을 빨기도 했다. 나는 그 모습이 보기 싫었다. 어느덧 나도 에릭슨 팀장처럼 그들을 냉정하게 대했다.

에릭슨 팀장은 자신을 중심으로 팀원들이 동그랗게 둘러서게 했다. 팀장은 한가운데 서서 제2단계 미션을 설명했다. 제2단계 미션은 놀이 공원의 '유령의 집'을 통과하는 것과 같았다. 중간에 튀어나오는 귀신이나 괴물의 방해를 이겨 내서 각자 자신의 이름이 적힌 투구를 가지고 밖으로 나오면 되는 미션이었다. 팀장의 설명이 끝나자 탈락자들은 대뜸 총 쏘는 게임은 언제 하느냐고 투덜댔다. 솔직히 나도 그런 불만이 없었던 것은 아니다.

하지만 그래도 팀장이 재미있을 거라고 약속했으니, 열심히 하면 나중에 즐거운 총싸움도 할 수 있을 것이라고 생각했다. 내 옆에 있는 팀원도 비슷한 생각을 했는지 탈락자들에게 쓴소리를 했다.

"어련히 팀장님께서 잘 알아서 해 주시려고요. 아무리 게임이지만 우리 팀이 이기려면 팀장님께 무조건 복종해야 하는 것 아닙니까? 1단계 탈락자라고 해도 이제는 과거를 잊고 새 마음으로 희망을 가져 보세요."

나는 팀장이 이런 마음을 갖고 있는 우리를 은근히 대견해할 것이라고 생각했다. 하지만 그 반대였다. 팀장은 탈락자의 잘못을 지적한 팀원을 크게 꾸짖었다. 그리고 진지한 목소리로 이렇게 말했다.

"신뢰감만 있으면 안 돼. 진정한 성장을 위해서는 어느 정도 불신감도 필요하다고. 신뢰와 불신이 적당히 균형을 이뤄야 희망의 힘이 생기는 거야. 희망은 현실에 대해 불신감을 가지고 있음에도, 나중에는 자기가 원하는 것이 끝내 이뤄질 것이라는 믿음에서 나오는 것이니까. 보통 희망은 미래에 어떤 일이 이뤄졌으면 좋겠다는 막연한 소원이라고 생각하지만, 사실은 그렇지 않아. 희망은 믿음과 불신의 긴장에서 나오는 끝없는 투쟁이지."

팀장은 이렇게 말하고는 잠깐 눈을 감았다. 엄숙한 기운이 감돌았다. 하지만 팀장이 다시 눈을 떴을 때에는 그의 눈빛에 장난기가 가득했다.

"그렇다고 불신을 일부러 키울 필요는 없어. 긍정적인 성격 발달을 위해서는 불신감보다 신뢰감을 많이 경험해야 하거든."

팀장의 표정은 시시각각으로 변했다. 그런 모습을 보면서, 팀장은 정말 여러 성격을 다 갖고 있는 사람이라는 생각이 들었다. 멍하니 팀장을 쳐다봤다. 팀장은 나를 지목해서 줄 맨 앞에 서게 했다. 팀장은 가볍게 말했다.

"어서 차례대로 들어가. 난 출구에서 기다릴 테니."

나는 심호흡을 했다. 철문의 손잡이를 잡았다. 회색 건물의 문은 커다란 괴물의 검은 입처럼 생겼다. 으스스했다. 삐그덕. 녹슨 문에서는 소리가 크게 났다. 안에서 냉기가 확 불어왔다.

고개를 빼고 안을 슬쩍 들여다보았다. 건물 벽과 천장에는 문을 통해 들어온 빛을 반사하는 거미줄이 잔뜩 있었다. 벽에는 사슴이나 호랑이, 곰 등의 짐승을 박제해 걸어 놓았는데, 거미줄이 엉켜 있음에도 그 표정은 살아 있는 듯 생생했다. 마치 삐그덕거리는 문소리에 그들이 깨어나서 내 쪽으로 고개를 돌리고 바라보는 것 같았다. 식은땀이 났다.

뒤에서 팀장이 빨리 들어가라고 재촉하는 소리가 들렸다. 조심스럽게 발걸음을 옮겼다. 그때였다. 갑자기 검은 물체가 내 얼굴로 날아들었다. 나는 정신없이 손을 휘저었다. 검은 물체는 곧 저만치 날아갔다. 헉헉 놀란 숨을 가라앉혔다. 곧이어 아랫도리가 척척한 것이 느껴졌다. 그만 바지에 오줌을 지리고 만 것이다. 뒤를 살폈다. 사람들은 아직 모르는 눈치였다. 내가 주춤거리자 다른 사람이 먼저 나서려 했다. 그 사람이 내 앞으로 와서 젖은 내 아랫도리를 본다면 사정을 다 알게 될 터였다. 이 나이에 놀라서 오줌을 싸다니, 너무 부끄러웠다. 나는 안에 들어가는 것이 무서웠지만 다른 사람이 내가 오줌 싼 것을 아는 것이 더 두려웠다. 용기를 내서 서둘러 안으로 발걸음을 내디뎠다.

"내가 먼저 갈 거예요."

나는 팀장이 지시한 대로 선두에 다시 섰다. 그러자 처음보다 더 용기가 났다. 어두운 벽을 더듬으며 가다가 물컹거리는 것이 손에 잡혀도 아까처럼 놀라지 않았다. 하지만 다른 팀원들이 놀라서 내지르는 비명 소리에 내가 더 놀랐다. 그냥 나 하나만 통과한다고 되는 것은 아니구나, 다른 팀원을 위해서 뭘 잡아야 하는지 미리 알려 줘야겠구나 하는 생각이 들었다. 내가 안내하는 대로 팀원들 모두 잘 따랐다. 그러자 '그래 이런 것이 선두에 선 내가 해야 하는 일이구나.' 하는 생각이 들면서 꼭 잘해 내고야 말겠다는 의지가 더욱더 생겼다. 물컹거리는 동굴 같은 입구에서 시작해서 흔들리는 방까지 무사히 통과했다.

그 사이 탈락자들까지 나를 믿고 따르는 모습을 보자 우리 팀을 위해서 내가 할 것은 해야 한다는 생각이 더 강해졌다. 점점 내 말에는 힘이 들어갔다. '나, 내 것, 할 거야, 하지 마, 안 해, 그것은 아니야, 맞아' 같은 말을 예전보다 더 자주 하게 되었다.

좁은 통로를 구불구불 통과하자 무엇인가 다가오는 소리가 들렸다. 나는 속으로 이제야 본격적으로 뭔가가 시작되겠구나, 이제 내 진짜 능력을 보여 줘야겠구나 하면서 이를 악물었다. 그때였다. 천장에 있는 스피커를 통해서 낯선 목소리가 들렸다.

"선두를 바꾸세요."

이게 무슨 말인가 싶어 나는 그 자리에 얼어붙었다.

"골고루 돌아가면서 역할을 담당해야 전체 서바이벌 미션이 끝납니다. 빨리 바꾸세요. 선두에 섰던 15번 팀원은 맨 끝으로 가세요. 14번 팀원이 이제 선두에 섭니다."

의지에 한참 불타 있던 나는 김이 빠졌다. 심지어 새로 선두가 된 14번 팀원이 얼마나 잘하는지 보자며 빈정대는 마음도 생겼다. 또 혹시 내가 뭘 잘못해서 이런 처분을 받은 것은 아닐까 하는 생각도 들었다. 하지만 내 나름대로 잘했는데 이런 처분을 받았다는 생각밖에 들지 않았다.

'혹시 팀장이 내게 너무 큰 걸 바란 것은 아닐까? 아니면 미션을 성실하게 수행해 봤자 소용 없는 것이 아닐까? 내가 너무 자신 있게 팀원들에게 막 이야기해서 그런 것일까?'

이런 생각이 꼬리에 꼬리를 물고 일어나는 사이 점점 더 힘이 빠졌다. 용기를 주기 위해 팀원들에게 던지던 말도 안 하게 되었다. 나는 입을 쭉 내밀고 묵묵히 뒤를 따랐다.

그때였다. 쿵쿵쿵쿵. 갑자기 뭔가 막 달려오다가 우리 옆을 스쳐 가는 것 같았다. 아무것도 보이지는 않았지만 촉각으로 뭔가 왔다가 가는 것이 느껴졌다. 특히 바닥에 진동 장치를 넣어 놓았는지 소리는 아주 실감이 났다. 귀신이란 없는 것이라고 평소에 생각했지만 왠지 으스스한 기분이 드는 것은 어쩔 수 없었다.

  옆 사람은 무서워서 손을 벌벌 떨고 있었다. 나는 그의 손을 두 손으로 꼭 잡아 주었다. 그 앞에 있던 사람도 떨고 있어서 내가 아예 가운데에 끼어들어 두 사람의 손을 하나씩 잡아 주었다. 아까처럼 용기를 내라고 크게 소리 지르지는 않았다. 하지만 진심이 전해졌는지 나를 보는 그들의 눈길은 확실히 더 따뜻해져 있었다. 이렇게 행동해야 하는 거구나. 그제야 나는 내게 부족했던 것을 반성하게 되었다. 다음에 다시 선두에 서게 된다면 스스로 행동을 통제해야겠다는 생각을 했다. 그리고 앞으로는 방송이나 다른 외부의 지시가 어떻게 나와도 감정적으로 대응하지 말고, 일단 이성적으로 따라야겠다고 결심했다.

  갑자기 벽에 붙어 있던 전등에 주황색 불이 들어왔다. 차라리 어두웠을 때가 더 마음이 편했다. 주변에 있는 것들 모두 희미하게 퍼져 보였다. 불이 들어왔다가 나갔다 하면서 모든 것이 스멀스멀 움직이는 것같이 보였다. 기분 나빴다. 팀원의 얼굴도 주황색으로 보여 기괴하기 짝이 없었다. 이제 가장 무서운 것은 눈에 보이지 않는 귀신이 아니라 눈에 보이는 것들이 되었다. 벽이 움직이기 시작했다. 정확히 말해 양쪽에서 가운데로 밀려들기 시작했다. 이대로 있다가는 통조림 신세가 되고 말 것 같았다. 나는 뭔가 버틸 만한 것을 찾았다. 바닥에는 아무것도 없었다. 혹시 밖으로 나가는 문이 있지는 않을까 벽을 더듬었다.

뭔가가 갑자기 내 손을 잡아챘다. 너무 놀라 비명을 질렀다. 벽 속에서 나온 손들이 이내 내 발과 몸을 잡았다. 벽 속에서 나온 손이 다른 팀원들도 붙잡았다. 벽이 움직이는 소리와 팀원들이 내뱉는 비명과 욕이 뒤섞였다. 혼이 쏙 빠질 정도로 시끄러웠다. 하지만 나는 정신을 놓으면 안 된다고 나 자신에게 이야기했다.

온 힘을 다해서 벽이 더 이상 밀리지 않도록 버텼지만 역부족이었다. 벽 뒤에서 사람들이 힘을 쓰는 소리와 웃음소리가 흘러나왔다. 확실히 기계나 귀신이 벽을 미는 것은 아니었다. 벽에 나와 있는 손의 숫자로 판단해 보건대 적어도 4명 이상이 나를 잡고 있는 것 같았다. 나는 옆의 동료들을 봤다. 안간힘을 쓰고 있었지만 사정은 나와 똑같았다.

'힘으로는 안 된다. 그렇다면 머리를 써야지.'

나는 꾀를 하나 생각해 냈다. 사람이 버티는 힘이 저마다 달라서 벽이 밀리는 것이 일정하지 않았다. 벽의 어느 한 곳만 뚫린다면 팀원들이 그쪽으로 자신의 벽을 밀어 벽을 엉기게 해서 탈출할 수 있지 않을까 싶었다. 그런데 너무 시끄러워서 전략을 의논할 수 없었다. 더구나 전략이 드러나면 상대편도 준비할 것이기 때문에 어쩔 수 없이 내가 먼저 행동에 나서야 했다. 나는 힘껏 버티던 발에서 힘을 뺐다. 그리고 오히려 벽이 미는 방향으로 갑자기 내달렸다. 앞으로 고꾸라질 것처럼 벽이 휘청거렸다. 그때 나는 바닥을 박차고 올라 몸을 붕 띄워서 벽 위쪽을 밀

었다. 그러자 다시 위로 버티는 힘이 느껴졌다. 하지만 벽은 이미 다른 벽보다 뒤로 약간 기울어져 있었다.

팀원들이 내 모습을 보고 내가 있는 쪽으로 오려고 힘을 쓰기 시작했다. 모두가 한쪽 방향으로 힘을 쓰다 보니 내 바로 옆에 있는 벽이 심하게 흔들렸다. 벽이 기우뚱거리는 틈을 타 나처럼 앞으로 나온 이가 더 늘었다. 팀원이 디딤발을 바꿔 조금씩 방향을 바꾸자 금방 상황은 뒤죽박죽이 되고 말았다.

그 덕분에 벽의 방향만 잘 조정하면 우리를 잡고 있는 사람의 뒤로 갈 수 있었다. 몇몇 팀원이 뒤로 접근해서 벽을 잡고 있는 사람들을 밀치고 발길질을 하기도 했다. 안 그래도 시끄러웠던 곳이 벽을 잡고 있는 사람들의 비명까지 더해져 더욱 시끄러웠다. 난리도 이런 난리가 없었다. 갑자기 사이렌이 울렸다. 그러자 나를 잡고 있는 손들이 스르르 벽 뒤로 빠져나갔다. 벽을 잡고 있던 사람들은 벽을 밀면서 한쪽으로 사라졌다. 아직 분이 채 풀리지 않은 팀원 몇몇은 그 뒤를 쫓아가려고 했다. 그러자 삐익삐익 호루라기 소리가 시끄럽게 울리고, 조명이 밝게 켜졌다. 호루라기를 분 사람은 팀장이었다.

"이제 그만해."

팀장의 불호령에 기가 죽어 모두 그 자리에 얼어붙었다.

"화가 나는 것은 당연하지만, 그렇다고 폭력을 써도 되는 것은 아니야. 화가 나도 자기 자신을 통제해서 다른 식으로 풀 줄 알아야지. 지금 발길질을 한 팀원들은 저쪽 직원을 따라 밖에 나가 있어."

　팀원들은 억울함을 호소했지만 팀장은 단호했다. 팀원들은 벌 받기 전에 두려워하는 아이와 같은 눈빛으로 나를 쳐다보았지만, 내가 선뜻 나설 분위기가 아니었다. 결국 폭력을 쓰려던 팀원들은 팀장이 가리킨 출구로 발걸음을 옮겼다. 그들이 나가자 팀장은 입을 쩍쩍 다시고 나서 명령을 내렸다.

　"모두들 똑바로 서."

　팀장은 팀원들을 세워 놓고 이번 미션에 대해 설명했다. 자율성과 수치심 사이에서 의지력을 키우는 미션이라고 했다. 그리고 곧 통과 여부를 알아보기 위해 팀원들을 하나씩 살펴보았다. 팀장이 내 앞을 지나갈 때 나는 팀장의 눈치를 살폈다. 팀장은 무섭던 얼굴을 풀고 웃었다. 아주 잠깐 동안. 그리고 다시 엄한 얼굴로 돌아갔다. 팀장은 전체 팀원들에 큰 소리로 말했다.

　"축하한다. 여러분은 방금 제2단계 미션을 통과했다. 무서운 상황에서도 굴하지 않고, 자율적으로 행동을 통제한 것에 박수를 보내는 바이다."

　기뻤다. 하지만 각자의 투구를 찾지도 않았는데 그냥 열심히 했다고 팀장이 상을 주는 것 같아 좀 찜찜하기도 했다. 팀장은 제1단계 때에 주었던 갓난아이 훈장 옆에 걸음마하는 아이 모습이 담긴 훈장을 팀원들 가슴에 일일이 달아 주었다. 그런데 다른 팀원들과 다르게 내가 밝은 표정이 아니자 팀장이 왜 그러냐고 물었다. 나는 투구를 갖지 못해서라고 대답했다. 그러자 팀장은 웃으면서 벽 앞으로 걸어갔다. 그리고 벽을 발로 찼다. 그러자 벽이 쉽게 와르르 무너졌다. 가까이 가 봤더니 벽은 두꺼운 플라스틱 블록으로 되어 있었다. 벽 안에는 투구가 유리장에 담겨 있었다.

"서바이벌 게임은 결과보다는 과정이 중요해. 그래서 수단과 방법을 가리지 않고 투구를 차지하겠다고 달려든 사람이 아니라, 각 단계에 맞게 올바른 행동을 한 사람이 상을 가져야 해. 그래서 이 투구는 마지막 벽에 다가간 순간까지 포기하지 않는 사람, 진정 용기 있는 사람만 가지도록 정했지. 여러분에게 이것을 기념품으로 줄 테니 걱정하지 말라고."

팀장은 이렇게 말하고는, 몸을 숙여 내 귀에 대고 속삭였다.

"그리고 한번 두려움에 무릎을 꿇었지만 결국 그것을 이겨 낸 사람도 충분히 가질 자격이 있지."

팀장은 팀원들에게 투구를 전해 주며 이번 미션에서 무엇을 느꼈는지 물었다. 두려움을 이기는 법, 자기를 통제하는 법을 알게 되었다는 이야기가 가장 많이 나왔다. 나는 이렇게 대답했다.

"의지가 있다는 것은 고집이 세다는 것이 아니라, 정확한 판단으로 자신을 통제할 줄 아는 것이라는 생각을 하게 되었어요."

팀장은 내 어깨를 토닥여 주며 고개를 끄덕였다.

"그래. 의지는 결심을 하고 행동으로 옮길 때 수치스러운 일을 당하거나 결심 자체에 의심이 든다고 해도, 결국 결심을 깨지 않고 나서는 것이야. 스스로 신택하고 자신을 가로막는 제약을 뛰어넘는 훈련을 게을리하지 않겠다고 결심하는 것이 의지이지."

건물 밖으로 나왔다. 그런데 팀장의 지시대로 먼저 나갔던 팀원들은 보이지 않았다. 팀장은 그들이 규칙을 어겨서 상대 팀에 포로로 잡혀 갔다고 했다. 반대로 상대 팀에서 잘못을 한 사람은 우리팀에 포로로 잡혀 오기로 규칙이 정해져 있다고 했다.

"포로를 구출해 올 지원자를 받겠다. 누가 갔다 오겠나?"

여태까지 팀장을 믿고 따랐지만 내 입은 쉽게 떨어지지 않았다. 다른 팀원들도 선뜻 나서지 못했다.

"여러분의 자발성이 이 정도밖에 안 되나? 아까 보여 줬던 용기는 다 어디로 갔나?"

포로를 구출하려는 목표는 명확하다. 그러나 실패했을 경우나 자신도 포로가 될 수 있다는 두려움이 더 컸다. 더구나 상대 팀이 어디에 있는지, 어떤지도 모르는 상태에서 나서는 것은 무모해 보였다. 팀원들은 누구랄 것도 없이 자기가 두려워하는 것에 대해서 질문을 해 댔다. 꼭 유치원생이 엄마에게 쫑알쫑알 물어보는 것 같았다. 일일이 대답해 주던 팀장이 결국 짜증을 내고 말았다.

"동료가 잡혀 갔는데 이렇게 쓸데없는 질문만 하고 손 놓고 있을 것인가? 여러분이 잡혀 갔을 때 다른 사람들이 이런 모습을 보이면 좋겠나?"

팀장이 호통칠 때마다 가슴이 뜨끔거렸다. 친구가 위기에 빠졌으면 마땅히 구해야 한다는 것을 알고 있었지만 선뜻 지원자로 나설 수가 없었다. 나는 이런 나 자신이 싫었다. 죄책감에 고개가 숙여졌다.

"제가 하겠습니다."

소리가 난 쪽을 바라보았다. 지원자로 나선 사람은 아까 무섭다고 내 손을 잡던 팀원이었다. 아니, 저런 사람도 나서다니 놀라서 입이 다물어지지 않았다. 그러나 그의 표정을 보는 순간 나는 고개를 끄덕였다. 그의 눈빛은 아까와는 다르게 뭔가 해 보겠다는 열정으로 불타오르고 있었다.

'그래, 저 사람도 하는데 내가 질 수는 없지.'

내 안에서 경쟁심이 커지기 시작했다. 머릿속에는 영웅적 행동으로 동료를 구하는 내 모습이 그려졌다. 나는 지원하겠다고 나섰다. 다른 팀원 세 명도 잇따라 지원했다.

"고맙다. 동료를 구출하는 것이 목표이지만, 여러분의 능력을 스스로 평가해 볼 수 있는 좋은 기회라는 것도 잊지 말고 최선을 다해 미션을 수행해 주기 바란다."

팀장은 말을 마치고 나서 우리에게 총알을 나눠 주었다. 드디어 원하던 대로 총을 쏘게 되었지만, 기쁘기보다는 마음이 무거웠다. 팀장은 내 마음을 눈치챘는지 이렇게 말했다.

"여러분은 좋은 의도를 가지고 지원했다. 그 의도는 실패하면 처벌 받을지도 모른다는 불안감과 죄책감을 이겨 낸 용기에서 나왔다. 여러분이 지금 가지고 있는 용기가 여러분에게 끊임없이 힘을 줄 것이다."

팀장은 지원자들의 팔에 완장을 둘러 주었다. 완장에는 여섯 살쯤 되는 아이가 총을 들고 있는 그림이 박혀 있었다.

"놀이를 한다고 생각해라. 그냥 어릴 적 병정놀이를 한다고 생각하고 하면 진지하게 접근했을 때보다 오히려 더 큰 성과를 얻게 될 것이다."

팀장은 통화 거리가 긴 무전기와 망원경을 나눠 줬다. 팀장과 떨어져서 지원자 다섯 명만 가야 한다는 것을 처음부터 알았다면 용기를 내지 못했을 것이라는 생각도 잠깐 들었다. 하지만 팀장이 말한 것처럼 처음에 자발적으로 지원했을 때의 마음을 떠올렸다. 다시 용기가 났다. 잡생각을 멈추고 목표를 이루기 위해 화끈하게 덤비자고 결심했다. 될 수 있으면 내가 지원자 팀을 주도해서 목표를 이루겠다는 마음까지 먹게 되었다.

팀장은 무전기로 길을 안내했다. 제1단계와 제2단계 미션 때의 이동거리와는 비교가 되지 않을 정도로 많이 걸었다. 상대 팀의 진영에 들어가려니 어쩔 수 없다고 생각했다. 길을 가는 중간에 숲 속에서 이상한 건물을 맞닥뜨리기도 했다. 이 건물이 상대 팀의 '유령의 집'은 아닐까 해서 슬쩍 문을 열어 보기도 했다. 팀장은 쓸데없는 짓 하지 말고 빨리 길을 가라고 재촉했지만, 궁금하여 문을 열어 보지 않고서는 배길 수 없었다. 열리지 않는 문을 억지로 열고 이것저것 살펴봤던 팀원은 팀장에게 엄청나게 혼났다. 기가 죽은 팀원은 장소를 이동하는데도 힘이 빠져서 주도적으로 나서지 못했다.

나는 무전기를 살짝 끄고 그 팀원에게 다가갔다. 그리고 팀장이 곧 잊어버릴 테니 괜찮을 거라고 말해 줬다. 그러자 팀원은 나에게 웃어 보였다. 그 팀원의 밝은 웃음이 좋았다. 그리고 그때까지 미처 깨닫지 못하고 있었는데 그 팀원이 여자라는 사실도 문득 생각하게 되었다. 이상한 경험이었다. 내가 잠깐 멍하게 서 있자 그 팀원은 나 대신 다른 팀원을 챙겼다. 나보다 훨씬 더 따뜻한 목소리로 다른 사람을 대하는 모습에 잠시 마음을 빼앗겨 버렸다.

"너무 힘들어서 못 가겠어요."

뒤처져 있던 나이 든 팀원이 소리쳤다. 나는 가장 먼저 나서서 그 팀원의 짐을 들어 주었다. 그런 과정이 몇 번 되풀이되자 나는 자연스럽게 다섯 명 지원자 사이에서 리더가 되어 있었다. 팀장도 그런 내게 먼저 지시를 내렸다.

이윽고 야산의 끝자락에 이르렀다. 야산의 숲에서 빠져나오기 전 팀장의 지시에 따라 망원경으로 앞을 살폈다. 구덩이 속에 사람들이 앉아 있는 것이 보였다. 그들의 팔에는 우리와 똑같은 완장이 둘러져 있었다. 상대 팀에 포로로 잡힌 우리 팀원들이었다.

"자발적으로 지원해서 무사히 상대 팀의 참호에 접근한 것으로, 이제 너희들은 제3단계 미션을 통과한 셈이다. 성숙된 자세로 여기까지 온 여러분을 치하하는 바이다."

세부 미션에 합격했다고는 하지만 아무도 기쁨의 탄성을 지르지 않았다. 우리에게는 중대한 목표가 있었다. 그것을 잊지 않았고, 더구나 그 목표는 아직 이루지도 못했으니 기뻐하기에는 너무 이르다는 것을 누구보다도 우리가 잘 알고 있었다. 확실히 제1단계나 제2단계의 모습과는 다른 성숙함이 행동에서 배어 나왔다.

"이제부터가 진짜 싸움이다. 제4단계 미션을 시작한다."

팀원들은 침을 꼴깍 삼켰다.

"여러분의 왼쪽에 무덤같이 생긴 것이 있을 것이다. 거기에는 각자 포로 구출에 필요한 도구들과 각자 해야 할 역할에 대한 지시서가 있다. 포로들이 지치고 있으니 빨리 해당 역할에 맞는 기술을 익혀 포로를 구출하는 작전을 개시하기 바란다."

나는 팀장이 말한 대로 왼쪽에 있는 무덤처럼 생긴 곳으로 갔다. 손으로 흙을 파 보았지만 손가락이 아파 곧 그만두었다. 총의 개머리판을 삽처럼 해서 파도 쉽지 않았다. 이런 내 모습을 보고 다른 팀원이 나섰다. 그는 나보다 덩치가 훨씬 더 컸다. 나와 똑같이 개머리판을 썼지만 결과는 전혀 달랐다. 그가 한번 개머리판을 땅에 꽂을 때마다 내게는 단단한 돌과 같았던 흙무덤이 케이크 조각처럼 뭉개졌다. 체면이 구겨지는 순간이었다. 창피해서 한 발짝 뒤로 물러서서 일부러 먼 곳을 쳐다봤다.

"여기, 뭔가 있네요."

땅을 파던 팀원이 소리쳤다. 나는 물끄러미 상자를 내려다보았다. 아까 내가 격려해 주었던 여자 팀원이 내 팔을 툭 치며 앞으로 나가라는 눈짓을 했다. 그래도 내가 머뭇거리자 이렇게 말했다.

"사람마다 잘하는 게 다 따로 있어요. 당신은 리더로서 잘할 거예요."

꼭 내 마음을 들여다보는 것 같아 더 부끄러웠다. 그러나 팀장이 말했던 것처럼 처음의 의도를 다시 떠올렸다. 이번 미션은 포로도 구출하고 내 자신의 능력도 시험할 수 있는 기회가 아닌가. 다시 용기가 솟아올랐다.

나는 상자를 열었다. 그리고 지도서를 꺼냈다. 거기에는 연막탄 사용법, 참호 파기, 의무병 수칙 따위가 적혀 있었다. 내용을 재빨리 훑어보았다. 포로를 구출하려면, 적의 숫자가 우리보다 더 많으니 적의 시선을 다른 곳으로 돌릴 수 있는 전술이 필요하다고 했다. 지도서에는 구체적으로 연막탄을 쓰거나 소리가 크게 나는 소음 폭탄을 쓰는 것이 좋다고 되어 있었다. 그리고 포로를 구출할 때에는 만약의 사태를 대비해 뒤에 남아서 지원을 할 사람이 필요하다고 적혀 있었다. 우리는 세 명이 앞에 나서고 두 명이 뒤에서 대비하기로 결정했다. 그리고 계속 뛰어서 탈출할 수는 없으니, 참호에서 적들의 공격을 방어하다가 연막탄을 써서 눈을 속인 다음 2차 탈출을 하기로 했다. 전술이 정해지자 이제 그에 맞게 역할을 배분하는 일이 남았다.

나는 포로에게 접근할 투입조를 하겠다고 나섰다. 그러자 리더로서 함께 갈 사람을 정하라고 다른 팀원들이 말했다. 덩치가 작은 두 사람이 먼저 눈에 들어왔다. 남아서 참호를 판다고 해도 아까 나와 비슷할 것 같았다. 나는 두 사람이 열등감을 느끼지 않도록 일부러 달리기를 잘할 것 같다고 말하며 그들을 뽑았다. 두 사람은 좋아했다. 참호 파기는 아까 흙무덤을 쉽게 부순 팀원이 맡게 했다. 그리고 혹시 구출하다가 다치는 사람이 있을지 모르니 여자 팀원에게 의무병을 맡겼다. 나는 그녀에게 여자라는 편견 때문이 아니라 아까 보니 달리기가 느린 것 같아서 의무병 역할을 맡겼다고 설명했다. 그녀는 밝게 웃으며 말했다.

"나도 다 이해해요. 그렇게 설명하지 않아도 군말 없이 따를 거였어요. 나를 특별히 대할 필요 없어요. 그게 오히려 차별이라고요."

특별히 대할 필요 없다는 말에 오히려 약간 서운한 기분이 들었다. 이상했다. 오늘 처음 만난 사람이 특별히 대할 필요가 없다고 말하는데도 조금 침울해졌다. 그러나 개인적 감정에 휩싸여 있을 수만은 없었다.

나는 일단 뒤에 남을 사람들에게 각각의 역할에 맞는 교육 자료와 도구를 나눠 줬다. 그리고 투입조 두 명을 불렀다. 연막탄과 소음 폭탄의 사용법을 읽어 줬다. 모두 어떻게 사용하는 것인지 직접 해당 물건을 들고 지시에 따라 핀을 뽑고 던지는 시늉을 해 가며 열심히 따라 했다. 덩치가 좋지 않은 데 대한 열등감 없이 진짜 자신이 이 역할에 필요해서 뽑혔다고 생각하며 열심히 했다. 그 결과 진짜로 그 역할에 맞는 능력이 생기는 것 같았다.

하긴 나도 그랬다. '넌 틀렸어. 넌 안 돼.'가 아니라 잘할 거라고 주변에서 이야기해 줘서 더 열심히 하게 되었고, 정말로 지도력이 생기는 것 같았다. 너무 뿌듯했다. 성취감이라는 것이 이런 거구나 싶었다. 물론 아직 포로를 구출해 낸 것은 아니지만.

모두들 많이 걸어서 지칠 만도 했지만, 해야 할 일이 많았으므로 더 활기차게 움직였다. 그래서 일은 아주 순조롭게 진행되었다. 뒤에 남을 팀원들도 참호 파기에 대한 기술이나 간단한 응급처치에 대한 기술을 다 익혔다. 힘센 팀원은 참호를 다 파고 나면 기다리는 사이 응급조치 기술을 익히겠다고까지 했다. 모두 자신감이 충만했다. 이들의 능력을 잘 조화시켜서 목표 달성을 하는 것이 이제 나의 가장 중요한 역할이었다.

나는 투입조로 뽑힌 두 명을 내 좌우에 나눠서 서게 했다. 그리고 우리는 낮은 포복으로 수풀 사이를 기기 시작했다. 그렇게 100미터를 넘게 기었다. 팔꿈치와 무릎이 떨어져 나갈 것처럼 아파도 참았다. 내가 흔들리는 모습을 보이면 안 되니까. 나는 힘들수록 더 힘차게 앞으로 나아갔다. 수풀은 포로들이 있는 구덩이와 30미터 정도 떨어져 있는 곳에서 끝났다. 나는 방독 마스크를 쓰고 포로를 지키고 있는 두 명 중 한 명을 겨냥했다. 왼쪽에 있는 팀원에게는 다른 감시병을 겨냥하라고 지시했다. 가슴에 있는 센서를 맞히면 불이 들어와서 사살한 것으로 인정한다고 했으니 실수가 없어야 했다.

나지막히 셋을 거꾸로 세었다. 셋. 둘. 마지막으로 '하나'를 외치자 우리의 총에서 총알이 튀어 나왔다. 상대편 감시병의 조끼에 불이 들어왔다. 성공이었다. 나는 이내 두 팀원에게 양쪽으로 소음 폭탄을 던지라고 지시했다. 쿠광쾅. 예상대로 상대편은 우왕좌왕하기 시작했다. 나는 가운데로 연막탄 두 개를 던졌다. 순식간에 구덩이 근처가 연기로 가득 찼다. 이제 적들은 우리를 볼 수 없었다. 그리고 아직 감시병이 사살당한 줄 모를 테니 자기 동료를 쏘게 될까 함부로 총도 쏘지 못할 것이었다. 나는 포로 구출 미션의 성공을 확신하며 앞으로 나아갔다. 팀원 둘도 내 뒤를 따랐다. 방독면을 쓰고 뛰는 탓에 숨이 턱까지 금방 차올랐다. 하지만 성공이 눈앞에 있으니 더 빠르게 뛰었다. 곧 구덩이에 도착했다. 우리와 같은 완장을 보자 너무도 반가웠다. 방독면을 벗고 소리쳤다.

"빨리 올라오세요. 탈출합시다."

손을 내밀었다. 그때 갑자기 뒤에서 뭔가가 나를 세게 밀쳤다. 나는 그대로 구덩이로 떨어져 고꾸라졌다. 재빨리 일어나 위를 살폈다. 뒤를 따르던 팀원의 총구에서 총알이 요란하게 터져 나왔다.

'뭐야? 배신인가?'

나는 어안이 벙벙했다. 그러나 총구가 향한 곳은 내가 아니라 내 옆에 있던 사람이었다. 그의 팔에는 완장이 없었다. 포로 속에 숨어 있던 적이었다. 내가 방심하는 사이에 빈 틈을 노리고 적이 총을 쏘려는 것을 보고, 한 팀원이 급하게 나를 밀치고 총을 쏜 것이었다. 잠시라도 팀원을 의심했던 것에 미안한 마음이 들었다.

팀원들은 구덩이에 다른 적이 없는지 살폈다. 더 이상의 적은 없었다. 이제 포로를 데리고 무사히 탈출하는 일만 남았다. 포로를 앞으로 달리게 했다. 그리고 투입조 두 명에게는 왼쪽과 오른쪽으로 나눠 사격을 하면서 포로들을 호위하도록 했다. 나는 맨 뒤에서 뒤쫓아 오는 적을 향해 사격하다 앞으로 달리기를 반복하면서 수풀 앞에 이르렀다. 아까와는 다르게 참호까지의 거리가 정말 멀게만 느껴졌다. 수풀에 들어가서는 최대한 몸을 낮춰서 달렸다. 그렇게 참호에 도착할 때까지 달린 시간이 거의 10분은 넘는 것처럼 느껴졌다.

참호에 도착해서 포로를 살폈다. 부상자는 없었다. 다행이었다. 숨을 돌리자고 전체가 기다릴 필요는 없었다. 상황이 상황이니만큼 되도록 빨리 갈 수 있는 사람부터 몸을 움직이는 것이 최선이었다. 나는 의무병과 참호병, 투입조 중 한 명에게 포로들을 인솔해서 갈 것을 명령했다. 나는 남은 한 명의 팀원에게 되도록 시간을 많이 끌어야 하니 함께 남자고 했다. 그런데 명령을 받은 그 팀원은 공교롭게도 아까 나를 살린 팀원이었다. 목숨을 살린 은혜를 갚기는커녕 반대로 위험한 상황에 같이 있자고 한 꼴이었다. 갈등이 되었다. 하지만 그는 내 명령에 시원스럽게 대답했다.

"좋습니다. 멋진 생각입니다. 한 명만 지키다가 잘못되면 적들이 이내 쫓아가 포로들이 다 잡힐 테니까요."

그렇게 내 생각을 좋게 이해해서 답해 주니 내 마음이 조금 가벼워졌다. 나는 다른 사람들에게 서둘러 떠나라고 했다. 팀원들은 떠나면서 나에게 이렇게 말했다.

"이따가 에릭슨 팀장님과 함께 뵙지요. 먼저 가겠습니다. 멋진 작전이었습니다."

나도 멋진 팀원들 덕분에 일이 잘 풀렸다고 말하고는 빨리 떠날 것을 재촉했다. 사람들이 떠나고 적들이 몰려오는 것이 보였다. 나는 어떻게 될지 몰라 지금 이 말을 해야겠다는 생각이 들었다.

"아까 구덩이에서 고마웠어요."

"뭘요. 제2단계 미션에서 저를 도와줬잖아요."

나는 아까 유령의 집에서 내가 손을 잡아 준 사람이 그라는 걸 깜박 잊고 있었다. 물론 진심을 다해 잡아 주기는 했지만 그 잠깐 사이의 일로 이런 인연을 나눌 줄은 몰랐다. 그는 공포를 이겨내고 가장 먼저 선발대에 지원했다. 생각해 보니 이렇게 순수한 사람에게 경쟁심을 느껴서 자원했다는 것이 부끄럽기도 했다.

참호에 남겨 놓았던 연막탄을 멀리 던져 터뜨렸다. 적들의 움직임이 굼떠졌다. 우왕좌왕하다 연막을 헤치고 나오는 적에게 사격을 했다. 그렇게 몇 명을 사살했다. 하지만 적은 계속 다가왔다. 다시 연막탄을 던졌다. 그러나 곧 소용 없게 되었다. 적들은 모두 방독면을 쓰고 있었다. 이제 정면 대결을 할 수밖에 없었다. 비장한 웃음을 팀원과 주고받았다. 그때였다. 무전기에서 팀장의 목소리가 흘러나왔다.

"지금 거기서 뭘 꾸물거리는 거야. 포로들은 다 도착했으니 빨리 철수해."

아니 어떻게 벌써 포로들이 도착했다는 거지? 놀란 눈을 치켜뜨고 팀원과 서로 얼굴을 쳐다보았다. 무전기에서 팀장의 불호령이 떨어졌다. 더 생각할 것도 없었다. 일단 행동을 해야 하는 순간이었다. 정신없이 달렸다. 팀장은 무전기로 우리를 지름길로 안내했다. 팀장은 처음에 헤어졌던 곳이 아니라 아까 우리가 호기심을 갖고 본 건물로 이동해 있었다. 건물에는 아까와는 다르게 커다란 깃발이 꽂혀 있었다. 적에게 뺏기지 말아야 할 우리 팀의 깃발이었다. 그 건물이 바로 본격적인 싸움을 위해 설치된 우리의 진지였다. 포로들은 무기를 지급받고 남아 있던 팀원들과 함께 만약에 들이닥칠지도 모를 적에 대비하고 있었다. 그들은 제1단계와 제2단계 미션의 실패자처럼 보이지 않았다. 해당 단계가 아니더라도 올바른 경험을 하면 자아 발달을 할 수 있다는 팀장의 말이 실감 났다.

"자네는 아주 멋진 능력을 보여 주었어."

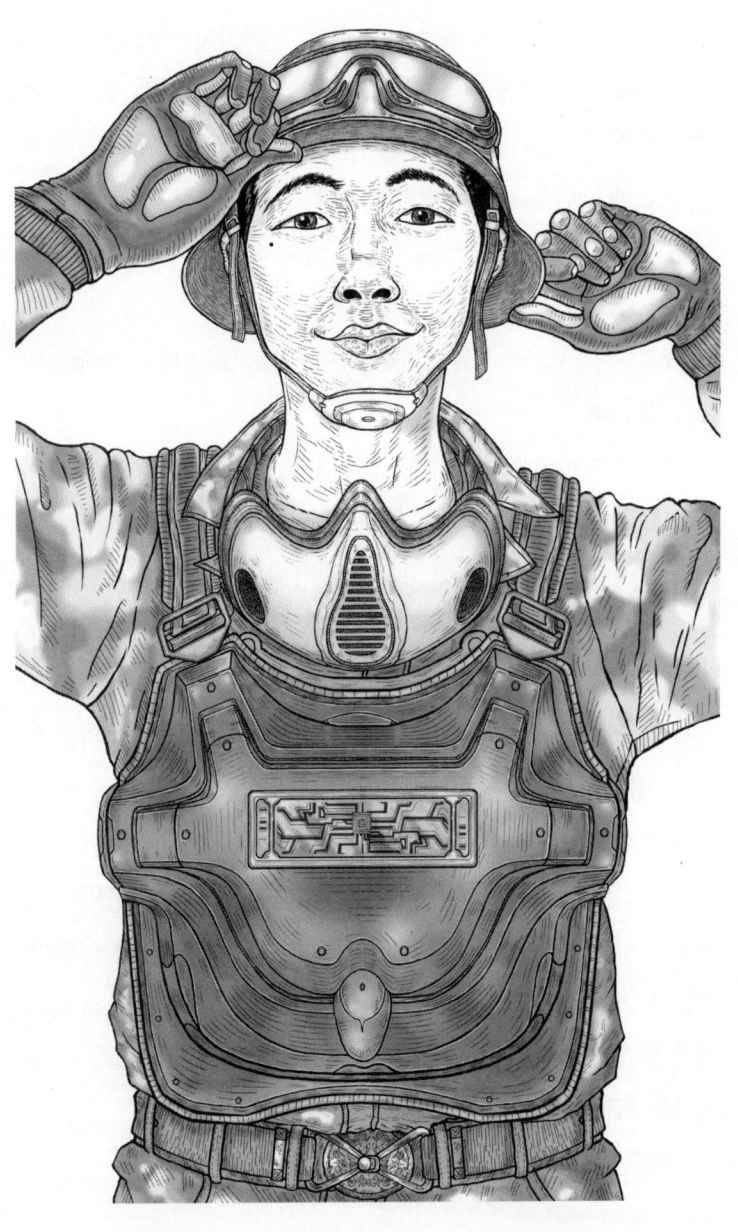

팀장의 칭찬에 나는 진심으로 부끄러워 고개를 가로저었다.

"포로와 함께 구덩이에 숨어 있는 적의 얕은 꾀도 하나 예상하지 못해서 팀원들을 위험에 빠뜨릴 뻔했습니다. 저는 리더로서 자질이나 능력이 아직 부족합니다. 게다가 저는 제 생각만 살폈지, 상대방이 어떻게 생각하는지 살피지 못했습니다. 리더답지 않게 아주 자기 중심적이었어요."

팀장은 어깨를 세게 툭 치며 말했다.

"그건 말도 안 되는 생각이야. 자네는 이미 훌륭한 리더야. 능력이란 한 번도 좌절하지 않는 것이 아니야. 때로는 실패하거나 열등감에 휩싸일 수도 있지만, 목표를 달성하는 데 필요한 자질을 발휘하기 위해 끊임없이 노력하는 자세를 잃지 않는 것이 바로 진짜 능력이야. 그리고 그 모습을 보여 준 것이 바로 자네인데, 자네가 능력이 없다면 누가 능력이 있다는 말인가? 물론 자네가 말한 부족한 면이 없는 것은 아니야. 하지만 진짜 게임은 지금부터이니 다음번에 더 잘하면 되는 거야."

팀장은 내게 자신이 아끼는 것이라며 그림을 하나 주었다. 열한 살 정도 되었을 만한 아이들이 행복하게 놀고 있는 그림이었다. 나는 내가 그 나이 때 비슷하게 놀던 모습을 떠올렸다. 내 입가에는 행복한 미소가 번졌다.

가슴 떨리는 미션

　에릭슨 팀장은 나를 부팀장으로 임명했다. 부팀장은 팀장의 허락을 일일이 받지 않고 자기가 알아서 어느 정도 명령을 내릴 수 있다고 했다. 나는 승리를 자신했다. 적진까지 무사히 들어갔다 나와서 겁나는 게 없었다. 더구나 포로를 구출하는 동안에 적어도 대여섯 명은 사살했으니 수적으로 우리 팀이 우세했다. 전면적으로 싸움을 벌여서 적진을 돌파하면 금방 깃발을 빼앗아 올 수 있을 것 같았다.
　팀장은 나에게 새롭게 전열을 정비한 뒤, 정찰대를 보낼 수 있도록 준비하라고 지시했다. 새로운 미션을 받은 나는 부팀장으로서 내가 할 역할에 대해서 머릿속으로 정리했다. 팀장을 옆에서 돕는 것, 팀원을 관리하는 것, 전략을 짜는 것 등 어느 것

하나 소홀히 할 수 없는 일들이었다. 가슴속에서 뭔가 단단한 것이 솟구쳐 오르는 게 느껴졌다. 팀장이 부팀장임을 나타내는 표장을 내 어깨에 채워 줬다. 나는 몸에 힘이 들어갔다. 행동할 때마다 내가 부팀장이라는 것을 잊지 않으려 노력했다. 책임감 있는 모습을 보여 주려고 진지를 빙 둘러 가며 순찰부터 했다.

팀원의 위치일 때는 몰랐지만 전체 팀을 생각하는 위치에 오르고 보니 세상이 달라 보였다. 적이 노릴 만한 빈틈이 보였다. 옆문을 훤히 열어 놓고 동료들과 잡담을 나누는 팀원도 보였다. 나는 제대로 대비하지 못한 팀원들을 불러 잘못된 태도를 일일이 지적했다. 하지만 팀원들은 이게 다 미션 수행을 위해서 하는 지시가 아니라 내가 성격이 모나서 내뱉는 잔소리라고 오해했다.

드러내 놓고 반감을 표현하는 팀원도 있었다. 그럴수록 나는 권위를 세우려고 더 강하게 지시했다. 그러면 상대방은 더 반항했다. 꼭 자신이 뭘 해야 하는지 모르면서 반항하는 청소년 같았다. 나는 그런 팀원에게 에릭슨 팀의 팀원으로서 자부심과 충성심을 갖고 함께 열심히 하자고 했지만, 그는 마지못해 건성으로 대답할 뿐이었다. 그런 반응을 보이는 것이 한두 사람이 아니었다. 어떻게 하면 좋을까 고민이 되었다.

'나는 부팀장으로서 잘하고 있는 것일까?'

갑자기 주변의 모든 것이 낯설게 느껴졌다. 왜 내가 이런 꼴을 당해야 하나 짜증나고 귀찮고 마음이 복잡했다. 진지 뒤 풀밭에 벌렁 누워서 눈을 감았다.

"왜 그래요? 어디 아파요?"

실눈을 떴다. 같이 포로 구출 작전에 참여했던 여자 팀원이 서 있었다.

"그냥 놔두세요. 혼자 있고 싶어요."

나는 엄마에게 짜증내는 것처럼 볼멘소리로 말했다.

"보니까 힘들어하는 거 같아서요. 워낙 짧은 시간에 부팀장까지 되어서 변한 것도 많고 신경 써야 하는 게 많아지니까……"

나는 더 듣기 싫어 자리에서 휙 일어났다. 그리고 인사도 하지 않고 몸을 돌려 반대쪽으로 쿵쿵쿵 걸음을 옮겼다. 한참 그렇게 걷다 작은 연못에 이르렀다. 뒤를 돌아봤더니 그녀는 보이지 않았다. 속 좁은 모습을 보인 것 같아 더 짜증났다. 연못에 내 모습을 비춰 봤다. 어깨에는 낯선 표장이 붙어 있었다. 그렇게 속으로 나는 부팀장이라고 외쳤지만, 정작 나부터가 적응되지 않았다. 처음 어른과 같이 다리에 털이 나고 목소리가 달라지는 등 2차 성징이 몸에 생겼을 때 그랬던 것처럼 묘한 기분이 들었다. 내가 나 자신이 아닌 것 같았다. 왜 이런 기분이 드는 것일까?

사람들이 나에게 기대하는 것은 많고 그것에 맞추자니 힘들고, 나 자신도 나에게 기대하는 것이 많아 열심히 하려고 하지만 뭔가 잘 되는 것 같지는 않고, 마치 무대 위에 올라선 배우같이 느껴지고 나머지 사람들은 모두 나를 쳐다보는 관객처럼 생각되어서 조금만 실수해도 창피해서 막 도망가고 싶어지고, 사

가슴 떨리는 미션

람들은 '너는 어떤 사람이다.' 하고 쉽게 말해 주지만 정작 나는 나 자신에 대해 잘 모르겠고, 그래서 답을 얻기 위해서 자신에게 아무리 물어봐도 쉽게 답을 얻을 수 없어 계속 고민하고 방황해야 하는 청소년. 지금 나의 모습은 급격한 감정의 변화가 있는 '질풍노도의 시기'이자 어느 집단에도 끼이지 못한 것 같은 '주변인' 바로 그 자체였다.

고작 1시간 전만 해도 나는 포로 구출팀의 확실한 리더였고, 게다가 지금은 부팀장이지만, 이제는 내가 여기서 무엇을 하고 있는지조차 알 수 없었다. 연못에 비친 내 모습은 아까 터뜨린 연막탄 속에서 허우적거리는 것 같아 보였다.

'어디서부터 잘못된 것일까? 나는 열심히 하려고 했는데 뭐가 잘못된 것일까? 세상에 이런 심각한 고민을 하는 사람은 나밖에 없을 거야.'

이런 생각에 빠져 있는데 친숙한 목소리가 뒤에서 들렸다.

"힘들지?"

팀장이었다. 팀장은 지금쯤 생각이 많을 거라며, 내가 했던 생각들을 족집게처럼 알아맞혔다. 그런데 나를 이해해 줘서 고마운 게 아니라, 팀장이 내 마음을 알면 알수록 부끄러운 속마음을 들킨 것처럼 화가 났다. 하지만 팀장은 차분하게 말했다. 내 마음의 벽도 점점 무너졌다.

"결국은 자기가 답을 찾아내야 하는 거야. 다른 사람이 도와줄 순 있지만 어떻게 해 줄 수는 없지. 그래서 이 단계가 가장 중요한 것이라고. 이 위기를 이겨 내면 엄청난 발전을 하게 돼. 청소년 시기가 자아 발달의 위기이자 기회이듯이 자네가 지금 경험하는 순간이 그렇다는 것만 알아 두게. 자네에게는 이미 제5단계 미션이 시작된 셈이야."

"제5단계 미션이요?"

"인생의 5단계인 청소년기에는 정체성의 혼란에서 오는 위기가 찾아오지. 그렇지만 안정과 혼란의 차이는 생각보다 크지 않아. 청소년기는 '심리적 유예'의 시기야. 유예기에 어찌 자기 자신을 다 확정 지으려고 하는가? 지금의 정체성이 평생 갈 유일한 것도 아닌데 너무 절망적으로 생각하지는 말게."

나는 '심리적 유예'가 뭐냐고 물어봤다. 에릭슨 팀장은 유예는 원래 경제학에서 사용하는 개념으로, 돈을 지불할 수 없을 때 뒤로 미룬다는 뜻이라고 했다. 그러니까 심리적 유예는 사회적으로 자신의 정체성이 무엇이라고 확정 짓는 것을 당분간 미룬다는 뜻이라고 했다. 에릭슨 팀장은 고등학교를 졸업한 뒤 일부러 돈 하나 없이 유럽을 여행했는데, 그때가 자기에게는 '심리적 유예'의 시기였다고 했다. 막연히 예술을 하려고 하다가 프로이트 박사의 딸인 안나 프로이트의 강의를 듣고 나서 정신분석학을 공부하게 된 과정을 다시 자세히 설명해 주었다. 옛날 일이 생각나는 듯 팀장은 말을 멈췄다. 그는 눈을 지그시 감고 살짝 웃었다. 그렇게 10여 초가 흘렀다. 팀장은 눈을 뜨고 나를 따뜻한 눈길로 쳐다봤다. 그러다가 갑자기 이렇게 말했다.

"정글에서 나오면 새로운 해와 바람을 맞이하게 되지. 내가 먼저 가서 기다릴게. 자네가 찾아올 것이라 믿네."

팀장은 아리송한 인사만 남기고 천천히 멀어져 갔다. 그가 함께 있어 주었으면 했는데 아쉬웠다. 나는 팀장이 했던 말을 곱씹었다. 지금 단계가 실제 청소년기와 비슷하다면 어떻게 해야 할까? 마음만 급해서 그 변화마다 금방 성과가 있기를 바란 것이 지금 나를 괴롭히는 문제의 원인이 아닐까? 내가 부팀장이 된 지 얼마나 됐다고 성과를 낼 수 있다는 말인가? 나는 진지하게 나 자신을 살펴볼 시간이 필요하다는 결론을 내렸다.

'남들이 뭐라고 하든 결국 내가 나를 포기하지 않으면 되고, 내가 믿는 것을 놓아 버리지 않으면 된다. 부팀장이라는 것도 내가 가진 것 중의 하나일 뿐 전체가 될 수는 없다. 다른 사람의 평가보다는 나 자신의 생각이 더 중요하다. 한 부분을 너무 과장해서 생각하지 말고 최선을 다하자.'

연못 속에 비친 내 모습에서 연막이 걷혔다. 연못에는 나만 있는 것이 아니라 다른 사람들의 모습도 보였다. 가족, 친구, 그리고 오늘 만난 팀원들. 그제야 정신을 차린 나는 다시 진지로 돌아왔다. 눈앞에 보이는 팀원들이 아까와는 다르게 느껴졌다. 내가 지시를 내리고 감독해야 할 대상이 아니라 예전보다 더 가까운 동료로 느껴졌다. 정글에서 나와 새로운 해와 바람을 맞는 기분이 이런 것일까 싶었다. 나부터 에릭슨 팀으로서 정체성이 부족하다 보니 동료를 배려하지 못했던 것이라는 생각이 들었다.

그냥 팀장의 흉내만 내려고 했을 뿐이었다. 그런 내가 팀원에게 같은 팀으로서 어떻게 하라고 오만하게 충고를 했다는 것이 부끄러웠다. 그 팀원에게 사과했다. 그리고 풀밭에서 본체만체하고 혼자 두고 와 버린 여자 팀원을 찾아 그녀에게도 사과했다.

"내 이름이나 알고 사과하는 거예요? 난 이규린이라고요."

그녀는 귀엽게 얼굴을 찡그리며 화난 척 말했다. 그때까지 그녀의 이름을 모른다고 특별히 답답하지 않았지만, 그런 그녀의 모습을 보자 갑자기 여태까지 모르고 있었다는 것이 속상했다. 그리고 그 이름을 부르며 사과하고 싶었다. 아니, 사과만 하고 싶은 것이 아니라 이름을 부르며 재미있는 이야기도 나누고 싶었다. 같이 환하게 웃고 싶었다. 그렇게 샐쭉거리는 그녀의 볼에 살짝 입 맞추고도 싶었다. 이렇게 그녀의 말 한마디와 표정에 야릇한 기분이 한꺼번에 밀려오다니, 나 자신의 감정 변화에 스스로 놀랐다. 지난번처럼 내 속마음이 다 들키면 어쩌나 싶어 일부러 고개를 돌렸다. 하지만 얼굴이 홧홧 달아오르는 것만은 어쩔 수 없었다. 그녀가 눈치챘는지 우리 사이에는 어색한 침묵이 흘렀다.

쿵쿵쿵쿵. 갑자기 누군가 다가오는 소리가 났다. 총을 찾았지만 이미 늦었다. 사람의 형체가 보이자마자 총알이 요란하게 터져 나왔다. 어이없게도 기습을 받은 것이었다.

"잠깐! 잠깐만요. 사격을 멈춰요."

내가 소리를 질렀지만, 흥분한 상대편 팀원들에게는 소용이

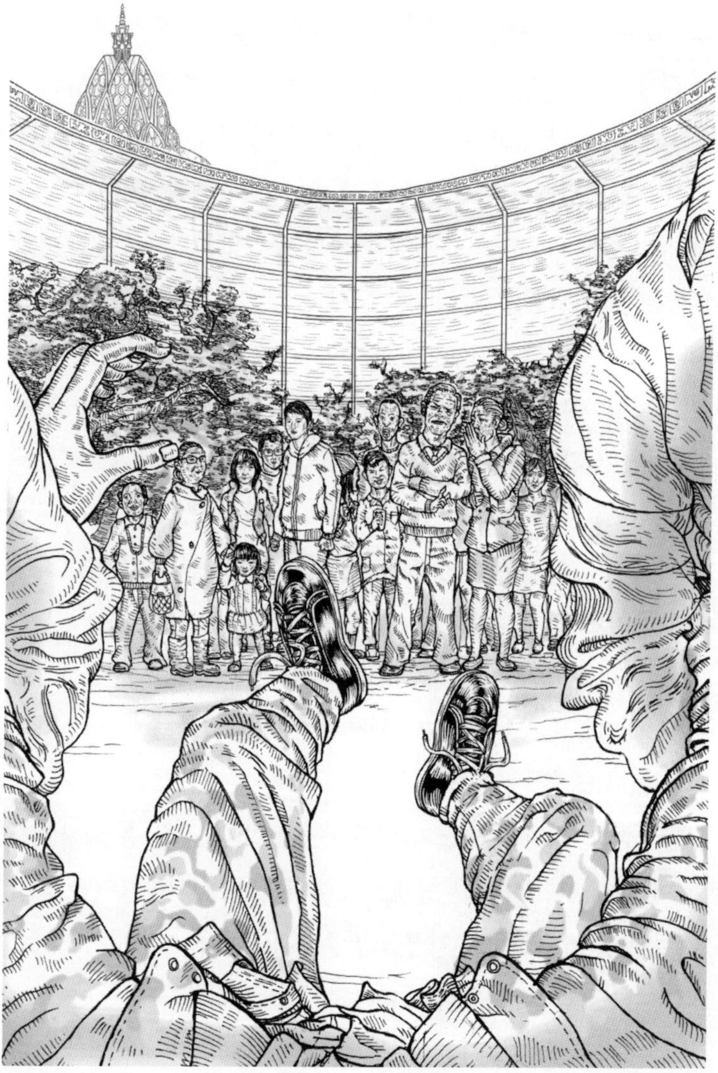

없었다. 나는 욕을 하면서 총을 쏘는 상대편에게 달려들었다. 나도 나지만, 이규린 대원이 계속 총알을 맞는 게 너무도 싫었다.

갑자기 벌어진 육박전에 사람들이 놀라서 달려들어 나를 붙잡았다. 나는 씩씩거리며 숨을 몰아쉬었다. 그때 이규린 대원의 얼굴이 보였다. 어이없다는 표정으로 나를 쳐다보았다. 억울했다. 아니 서운했다. 그리고 진행 요원들에게 꽁꽁 붙들려 내려가면서 너무 화가 났다. 나는 그냥 순순히 내려갈 테니 놔 달라고 소리를 질렀다. 그럴수록 진행 요원들은 더 우악스럽게 내 팔을 잡았다. 입구 쪽에 내려오자 나는 더 화가 났다. 영문도 모른 채 사람들은 억지로 끌려 나오는 나를 보며 자기들끼리 수군댔다.

탈의실에 다다라서야 진행 요원들은 내 몸을 놔주었다. 나는 분에 못 이겨 발로 벽을 걷어찼다. 다시 진행 요원이 나를 붙잡는 바람에 기우뚱 내 몸이 넘어지면서 재수 없게도 반쯤 열린 로커 문을 차고 말았다. 그래도 나는 아픈 것도 몰랐다. 막 버둥거리는데, 한 사람이 피가 난다고 말해 줬다. 그제야 나는 발차기를 멈췄다. 피가 바지를 적실수록 고통도 더 심하게 내 몸에 스며들기 시작했다.

서바이벌 게임장 바로 옆에 조그만 병원이 있었다. 서바이벌 게임이라는 게 기본적으로 몸을 직접 움직이며 하는 전쟁놀이이다 보니, 혹시 있을지 모르는 불상사에 대비해 병원까지 갖춰 놓고 있었다. 일단 지혈을 하고 엑스레이를 찍었는데, 뼈에는 이상이 없었다.

그 사이 에릭슨 팀장이 연락을 받고 내려와 있었다. 이런 모습을 보이다니 부끄러웠다. 우리가 상대편을 기습한 것처럼 거꾸로 당할 수도 있었는데 충분히 대비하지 못한 내 잘못이었다. 거기에 감정을 추스르지 못하고 난동을 부린 것도 용서받지 못할 행동이었다. 나는 에릭슨 팀장을 만날 것도 없이 빨리 치료나 하고 그냥 집으로 돌아가고 싶었다. 하지만 간호사는 어느새 에릭슨 팀장을 내가 있는 쪽으로 안내하고 말았다.

그런데 내 예상과 달리 에릭슨 팀장은 화가 나 있지 않았다. 뜻밖이었다. 오히려 더 잘 대해 주었다. 그게 더 내 기분을 상하게 했다.

"다음에 와서 다시 멋지게 미션을 수행하면 되지, 왜 그렇게 흥분을 하고 그래."

생각해 보니 놀이 공원에 오기만 하면 게임은 몇 번이라도 할 수 있었지만, 그때는 그런 생각을 하지 못했다. 에릭슨 팀장은 서바이벌 게임이 한번 탈락하면 영영 기회가 사라지는 것이 아님을 강조했다. 제1단계 미션에서 탈락해도 기다렸다가 다음 미션에 참여할 수 있었고, 거기에서 잘하면 훈장을 받을 수도 있었다. 물론 각 단계에서 탈락하면 포로가 된다든지 물을 못 마시게 되는 것과 같은 벌을 받아야 했지만, 다른 게임처럼 탈락한다고 참여할 기회가 아예 없어지는 것은 아니었다.

"기회는 언제든지 있다. 포기하지 않는 한."

에릭슨 팀장은 나에게 이렇게 말하고, 차트를 건네주고는 더

수준	심리	사회적 위기		미덕	자아 발달에 주된 영향을 주는 대상	미션 성공 여부
		긍정	부정			
1	출생~1세	신뢰	불신	희망	어머니	○
2	1~3세	자율	수치	의지력	부모	○
3	3~5세	주도성	죄의식	목적	가족	○
4	6~12세	근면성	열등감	능력	이웃이나 학교 안의 사람	○
5	청소년기 (12~20세)	정체성 안정	정체성 혼란	충성심	또래 집단, 모범이 되는 사람	○
6	성년기 (20~40세)	친밀감	소외감	사랑	친구, 이성, 동료	△ (유예)
7	장년기 (40~65세)	생산성	침체성	배려	직장, 가정	
8	노년기 (65세)	자아 통합	절망감	지혜	인류, 동포, 사회	

서바이벌 게임 수행 차트

이상 아무 말도 하지 않고 밖으로 나갔다. 차트에는 내가 수행한 미션들이 정리되어 있었다.

차트로 보니 처음에는 복잡했다. 그래서 간호사에게 이게 뭐냐고 물었다. 그러자 간호사가 차근차근 설명해 주었다. 그런 덕분에 내가 어떤 과정을 겪었는지 더 명확해졌다. 제1단계 미션을 수행한 뒤 팀장이 생수를 줄 때 배고픈 아이에게 젖을 주

가슴 떨리는 미션

는 어머니 같다고 한 밀이니, 팀장이 직접 한 살 정도 된 아기의 훈장을 달아 준 것 등 모든 행동의 이유가 보였다.

미션마다 그에 해당하는 심리적 위기, 즉 갈등이 있었다. 갈등의 순간에 긍정적인 반응을 선택해서 결국 미덕을 성취하도록 게임을 설계한 에릭슨 팀장의 능력에 감탄했다. 내가 미션 수행에 성공하고 자아를 발달시킨 것이 결코 우연이 아니었다. 내가 성년의 단계 직전에서 미션이 멈춘 것이 더 한스러웠다.

간호사는 차트에 적힌 단어를 하나하나 가리키며 설명해 주었다. 용어 설명은 에릭슨 팀장이 했던 말이나 내가 느꼈던 감정과 일치했다. 간호사는 차트를 다 읽고 나서 이렇게 말했다.

"에릭슨 팀장님은 각 갈등과 위기를 해결해야 미덕을 얻을 수 있다고 생각했어요. 그리고 그 과정에서 자아 정체성도 발달하고요."

"그런데 그 자아 정체성이라는 게 정확히 뭐예요?"

"저도 잘 모르지만 에릭슨 팀장님의 말을 그대로 옮기자면, 개인의 동일성에 대한 의식적 감각이래요."

무슨 뜻인지 알아듣기 힘들었다. 쉽게 설명해 달라고 부탁하자 간호사는 자신이 이해한 바를 말했다.

"쉽게 말하자면 독자성이 있는 것이면서도 연속성이 있는 거예요. 즉 '이게 바로 다른 사람과 구별할 수 있는 나의 것이다.', '나 자신이다.'라고 말할 수 있는 것을 모두 합친 것이 자아 정체성이 아닐까요? 에릭슨 팀장님은 '나는 누구인가?'에 대한 답이 곧 자아 정체성이라고 했어요. 그게 뭐가 되었든 말이에요."

다른 사람과 구별할 수 있는 나의 것, 나는 누구인가에 대한 답이라……. 그런 답이 뭐가 있는지 생각해 봤다. 간호사는 자신을 찾는 길을 떠나는 방법 하나를 알려 주었다.

"나는 인간이다. 그런데 내가 인간이라는 사실은 동물과 나를 구별할 수 있지만 이웃집 사람들과 나를 구별하지는 못한다. 내가 남자라는 사실은 이웃집 여자와 나를 구분할 수 있지만 이웃집 아저씨와 나를 구별하지는 못한다……. 이런 식으로 계속 자신의 범위를 줄이거나 다른 것과 비교하면서 자기 고유의 것을 찾아보세요."

간호사가 권해 준 방식으로 내가 나만의 것이라고 말할 수 있는 것을 계속 쪼개 나갔다. 새로운 것은 하나도 없었다. 내가 사는 동네는 다른 사람들이 함께 사는 동네이기도 했고, 내가 사는 집은 우리 집 식구 모두 나눠 갖는 공간이며, 학교 또한 그랬다. 내가 친하게 지내고 있는 친구는 그 누구의 친구이기도 했고, 173센티미터인 내 키는 누군가의 키이기도 했다. 잘 삐치는 성격도 나만 그런 것이 아니다.

하지만 결국 그렇게 누군가와 나누고 겹치는 모든 것을 다 합친 나는 나밖에 없었다. 나의 신체적, 심리적 특성이 모두 조합되어 내가 아는 사람을 만나고 내가 놓인 상황에서 행동하고 있는, 세상에서 유일한 존재가 바로 나였다. 결국 나의 자아 정체성은 내 부모의 부모의 부모의 부모로부터 이어진 혈통으로 태어나, 자라면서 사회적으로 상호작용하며 경험하고 있는 모든 것이었다.

'그렇다. 자아 정체성은 딱 정해져서 움직이지 않는 것이 아니다. 계속 그 특성이 바뀌고 내가 찾고 또 구성해야 하는 것이다. 그 모습이 고정되어 있어서 보물처럼 어딘가 한곳에 숨겨져 있는 것이 아니다.'

이런 생각을 하면서 '중년의 위기'라는 말이 어렴풋이 이해가 되었다. 시간이 흘러가면 그냥 자아 정체성을 갖춘 어른이 될 거라고 막연히 생각하다가는 나이가 들어서도 계속 자아 정체성의 위기를 겪게 되겠구나 싶었다.

나는 간호사가 건네준 차트를 살펴보았다. 차트에 적힌 각 단계는 긍정적인 것과 부정적인 것, 이렇게 두 개의 극으로 이뤄져 있었다. 팀장이 매 순간 선택이라는 말을 강조한 이유가 이해되었다. 차트에는 프로이트 박사가 자아 발달에 중요하다고 말한 본능의 목록은 없었다. 에릭슨 팀장의 생각은 확실히, 어렸을 때의 경험이 평생을 좌우한다거나 본능을 강조하던 프로이트 박사의 이론과는 달랐다. 무의식에 대한 탐구나 치료보다는 사회적 상호작용을 어떻게 하느냐, 내가 어떤 선택을 하느냐가 자아 발달에 있어 더 중요하다고 생각했다. 내가 차트를 진지하게 쳐다보자 간호사가 한마디 했다.

"그 차트의 단계도 딱 정해진 것은 아니에요. 에릭슨 팀장님은 보통 사람들이 여덟 단계를 거쳐 자아 발달을 한다고 했지만, 사람마다 다른 단계를 경험할 수 있어요. 피터 팬처럼 어린아이로 평생을 살 수도 있어요. 아니면 피터 팬의 친구인 웬디처럼 어린아이인데도 금방 동생들의 엄마 노릇을 할 수 있을 정도로 마음이 어른처럼 자랄 수도 있지요. 어떤 사람은 첫 단계에서 신뢰를 경험하지 못해 평생 불신의 늪에서 허우적거릴 수 있고, 어떤 사람은 청소년기에 바로 노인의 마음으로 넘어갈 수도 있고, 중년이 되어서 갑자기 청소년 때 발달하지 못했던 과정으로 돌아갈 수도 있어요."

하긴 초등학생 중에도 좌절을 겪으면 노인처럼 삶이 재미가 없다며 괴로워하는 경우가 있지 않은가. 그러니 미션을 수행할 때 느꼈던 감정은 그렇게 이상한 것은 아니었다. 문제는 그런 감정을 느꼈을 때 어떻게 자기 삶에 도움이 되는 선택을 하느냐 하는 것이었다. 그 선택에 따라 자아가 발달하느냐 아니냐가 결정되었다. 나름대로 깨달음을 얻은 나는 게임 결과가 아쉽기는 했지만, 화는 어느덧 많이 풀려 있었다. 그리고 에릭슨 팀장이 했던 마지막 말을 다시 되새겼다.

"기회는 언제든지 있다. 포기하지 않는 한."

만남과 이별

　병원에서 간단히 수속을 마치고 나오려는데 폴러스 아줌마가 놀란 눈으로 달려왔다. 아줌마는 어디서 자초지종을 들었는지 자세한 사항은 내게 물어보지 않고 몸이 괜찮냐고만 물었다. 나는 부끄러워 고개를 들지 못했다. 좋은 게임장을 특별히 추천까지 해 주었는데 완전히 망친 것 같았다.
　아줌마는 다음에는 자기와 꼭 함께 다시 게임을 하자고 말했다. 고마웠다. 나도 오늘 게임이 너무 좋았고 나중에 꼭 함께 하고 싶다고 대답했다. 아줌마는 살며시 웃으며 이렇게 말했다.
　"나는 늘 희망을 말하고 있지요. 하지만 그렇게 희망을 강조해야 할 만큼, 사실 인생은 늘 좌절과 갈등이 있는 늪과 같은 곳이 아닌가 싶어요. 늪에서는 그냥 되는대로 몸을 막 움직여서는 빠져나올 수 없지요. 나름대로 전략을 짜고 준비를 해서 빠져나와야 해요. 오늘 조금 아쉬웠던 부분은 다음에 더 준비해서 잘하면 돼요. 인생의 모든 것이 다 그렇듯이 어느 한순간에 결정되는 것은 없어요. 에릭슨 팀장님이 이미 자세히 다 이야기했겠지만 나이를 얼마나 먹든지 간에 성장이냐 퇴보냐 하는 갈림길에 다시 설 수 있어요. 인생은 아주 긴 자아 정체성의 싸움이지요. 그런 싸움에서 피하면 절대로 늪에서 빠져나올 수 없어요. 상준 군이 오늘 보여 준 것처럼 열정을 다하긴 하되 좀 더 건설적인 방향으로 싸울 줄 알아야 늪에서 빠져나올 수 있어요. 앞으로도 그런 자세로 생활해야 진정한 행복을 누릴 수 있다는 것을 꼭 기억해요."

나는 사춘기를 무사히 보내면 그냥 어른이 되는 것이라 생각했다. 그런데 서바이벌 게임을 해 보고 아줌마의 이야기를 들어 보니 20대가 되어서도 고민은 계속될 것 같았다. 평소 같았으면 무섭고 지겹다는 생각이 먼저 들었겠지만, 아줌마가 나를 믿는 눈길로 쳐다보자 그래도 용기를 내어 이겨 내야겠다는 생각이 들었다. 하긴 이것은 선택의 문제가 아니었다. 만약 용기를 내지 않는다면 자아 정체성을 확립한 척하며 다른 어른처럼 살다가 어느 순간에 중년의 위기니 뭐니 난리를 치게 될 것이기 때문이다.

혹시나 이규린 대원이 찾아올까 싶어 내 전화번호를 메모로 남겨 놓았다. 간호사에게 고맙다는 인사를 하고 나오는데 가슴

한편이 허전했다. 절뚝거리며 밖으로 나와 보니 놀이 공원은 오전에 왔을 때와 전혀 다른 모습을 하고 있었다. 곳곳에 조명이 들어오기 시작했다. 거대한 건물마다 조명을 비추니 꼭 신전에 온 것 같아 더욱더 신비로운 느낌이 들었다. 발이 나으면 곧장 다시 자아 놀이 공원을 찾으리라 다짐했다.

자아 놀이 공원 정문 가까이에 이르자 커다란 그림이 하얀 조명을 받고 있었다. 낮에는 제대로 못 본 그림이었다. 그림 아래에는 에셔라는 판화가가 1948년에 석판화로 만든 작품 〈그리는 손〉이라는 설명이 붙어 있었다. 놀이 공원을 만든 사람은 왜 이런 그림을 강조하는 것일까? 아니, 에릭슨 팀장이 강조한 것처럼 모든 일을 수동적인 관점이 아니라 능동적인 관점으로 생각해서 질문을 다음과 같이 바꿨다.

"왜 난 여러 풍경 중에서 하필 이 그림에 마음을 뺏기고 있는 것일까?"

나는 그림을 뚫어져라 쳐다보았다. 그냥 스케치 같기도 한데, 뭔가 이상해 보이는 그림이었다. 이상한 게 과연 뭘까?

자세히 보니 왼손과 오른손이 서로를 그리고 있었다. 이것이 자아 발달과 무슨 상관일까? 답을 찾기 위해 일단 손들이 그리는 그림을 유심히 살펴보았다. 손은 입체적인 데 비해 그들이 그리고 있는 소매는 그냥 도화지 위의 그림인 것이 눈에 띄었다. 그렇다면 손목 위의 부분만 그리는 것일까? 찬찬히 살펴보니 사정은 달랐다. 손목 위의 것만 그린다면 진짜 소매는 어디

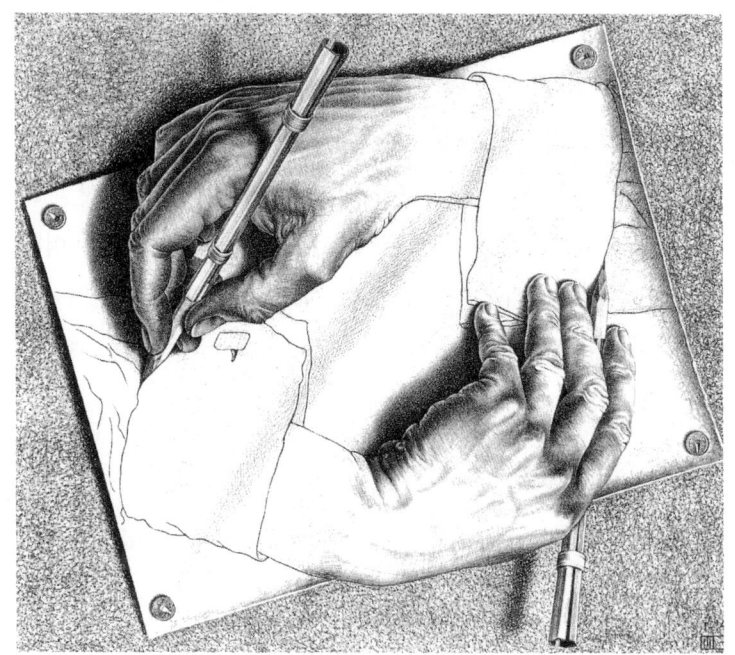

에셔, 〈그리는 손〉, 1948년.

에 있단 말인가? 그러니 한 손이 다른 손의 처음부터 그리기 시작해서 소매 위의 부분까지 그린다고 봐야 옳았다. 이렇게 분석하는 것이 맞다면 어떤 손이 그림을 그리는 것이고, 어떤 손이 그려진 것일까? 두 손의 모습이나 자세가 똑같으니 둘 다 그리는 손이자 그려지는 손이라고 봐야 했다.

분석해 놓고 보니 앞뒤가 전혀 맞지 않았다. 분명 말이 안 되지만, 그래도 에셔의 그림은 그런 말도 안 되는 상황을 현실로 보여 주고 있었다. 한번 두 손의 입장에서 생각해 봤다.

'왼손은 오른손이 자신을 그리고 있다는 것을 알까? 아마 자신이 오른손을 그리고 있다고 생각할 거야. 오른손도 자기가 왼손을 열심히 그리고 있다고 생각할 거야. 내가 그림 속 세상 밖에서 두 손을 다 보고 있으니까 이상하게 보이는 거지. 사실 손 자신의 입장에서는 그렇게 이상한 상황이 아닐 수도 있어. 아마 그냥 주어진 목표대로 열심히 그림 그리기에 열중하고 있겠지.'

생각이 더 이상 뻗어 나가지 않았다. 아까 능동적으로 생각한다면서 했던 질문인 '왜 난 여러 풍경 중에서 하필 이 그림에 마음을 뺏기고 있는 것일까?'라는 질문을 다음과 같이 바꾸어 보았다.

'왜 이런 그림을 자아 놀이 공원에 걸어 놨을까?'

질문을 바꾸자 아까 했던 질문은 능동적이지 않았음을 알게 되었다. 처음의 질문은 내 틀에서만 생각하려고 하는 자기중심성을 못 벗어난 사고방식이라는 게 저절로 느껴졌다. 자아 발달이라는 것이 자아만 집중해서 본다고 되는 것은 아니리라. 입장을 바꿔서 생각하자 그림의 뜻이 더 또렷하게 들어왔다.

나는 서바이벌 게임장에서 겪은 경험을 떠올렸다. 발달 단계마다 서로 다른 것이 갈등하는 위기가 있었다. 그런데 그게 어느 하나만 있어서 되는 것이 아니라 서로 균형 있게 어우러져야 제대로 된 자아 발달을 할 수 있다고 했다. 부팀장의 자리에 처음 올랐을 때처럼 긍정적인 자아가 너무 지나치면 오히려 오만함 같은 부정적인 자아가 생겼다. 반대로 수치심과 같은 부정적인 자아를 이겨 내면 자율성과 같은 긍정적인 자아가 만들어졌다. 마치 긍정이 부정을 그리고, 부정이 긍정을 그리는 것처럼 하나의 미덕이 얻어지고, 그만큼 나의 자아는 발달하게 되었다. 서로를 열심히 그리는 두 손이 결국 하나의 그림으로 묶이는 것처럼 말이다.

'혹시 서로 반대되는 성질, 즉 양극의 것이 함께하는 자아의 특성을 이야기하려고 놀이 공원에서 중요한 위치에 이 그림을 걸어 놓은 것이 아닐까?'

그러다가 다른 의문이 생겼다. 원래 판화가가 이 그림을 그릴 때 자아를 생각하면서 그렸을까? 아무러면 어떤가? 설령 작가의 의도가 그렇지 않더라도 그림이 주는 메시지가 자아의 특성과 같으면 전시도 할 수 있다고 생각했다. 나는 환하게 웃으며 고개를 끄덕였다. 내가 내놓은 답이 만족스러웠다. 역시 에릭슨 팀장과 만나서 여러 가지 경험을 한 것이 생각을 성숙시키는 데 큰 도움이 된 것 같았다.

나는 다시 발걸음을 옮기려 했다. 하지만 내 발목이 아프다는 사실을 깜박한 나머지 너무 세게 발을 디뎠다. 나는 그대로 비명을 지르며 고꾸라지고 말았다. 내 상태를 이렇게 잊고 있었다니……. 그저 내 생각에만 빠지지 말고, 조금만 여유를 갖고 생각해도 달랐을 것이라 생각하니 나 자신이 한심하게 느껴졌다. 끄응 하고 몸을 일으키는데 머릿속에 번쩍 하고 떠오르는 것이 있었다.

'이와 비슷한 경험을 한 적이 있는데…….'

나 자신을 너무 중심에 놓다 보니 다른 것의 변화와 나 자신을 객관적으로 보지 못해서 미션을 망칠 뻔한 기억이 떠올랐다. 그리고 이런 실수가 벌써 여러 번 반복되었다는 사실을 깨달았다. 나는 다시 그림을 쳐다보았다. 나는 서바이벌 게임장에 들어갔다 나왔지만 그곳을 경험하지 않은 사람에게 이 그림은 어떤 의미가 있을까? 질문을 좀 더 넓게 해 봐야 하지 않을까?

'분명 자아와 연결되기는 할 거야.'

나는 그림을 보면서 단어를 떠올렸다. 자아 그리기, 자아 만들기, 자아 발견, 자아 형성……. 나는 프로이트 박사의 빙하 놀이관, 융 할아버지의 전시장, 매슬로의 피라미드관, 에릭슨 팀장의 서바이벌 게임장에서 만난 사람들과 나눈 대화 내용까지 떠올려 보았다. 어떤 사람은 자아는 원래 자기 안에 있는 것이고 살면서 발견하는 것이라고 했지만, 사회적 환경에서 살아가면서 형성되는 것이라고 말한 사람도 있었다. 모두들 그런 주장을 펼치는 나름대로의 이유가 있었다. 나는 그 두 가지 주장을 다시 따져 보았다. 그리고 이 그림을 전시한 사람, 놀이 공원을 만든 사람의 의도에 적극적으로 투사해 보았다. 내가 어떻게 받아들이느냐가 아니라, 상대방의 입장에서 생각해 봤다.

'그래, 만약 자아가 발견되는 것이라면 보물찾기 같은 것만 놀이 공원에 있어야 할 거야. 빙하 놀이관처럼 어떤 표시가 되어 있는 것만 걸러서 찾는 식으로 하면 되겠지. 그리고 만약 자아가 형성되는 것이라면 시간이 가면서 한층 한층 차곡차곡 쌓여 가는 놀이만 만들었을 거야. 블록 쌓기나 건물 만들기 같은 놀이관만 만들어 놓을 수도 있었겠지.'

나는 자아 놀이 공원 홈페이지에서 봤던 안내도를 떠올렸다. 안내도에는 다음과 같은 홍보 문구가 적혀 있었다.

> 자아 놀이 공원은 자아 발견과 자아 형성의 개념이 모두 들어가 있는 놀이관으로 이루어져 있다.

그때는 무슨 소리인지 알 수 없었지만, 오늘 자아 놀이 공원에서 있었던 일을 다시 떠올리자 어렴풋하게 느껴지는 게 있었다. 빙하 놀이관에서 발견한 것을 바탕으로 새로운 것을 구성하고, 구성한 것을 바탕으로 서바이벌 게임장에서 나 자신의 새로운 면을 발견하기도 했다. 딱히 어떤 것이 먼저라고 할 수 없는 상황이 많았다.

어쩌면 에셔 그림 속의 손처럼 자아 발견과 자아 형성은 자아 발달이라는 큰 틀 안에서 서로를 열심히 그리고 있는 것인지도 몰랐다. 꼭 시인이 시를 짓는 것처럼 말이다. 국어 선생님이 수업 시간에 시를 분석하며 이런 말을 한 적이 있다.

"시인은 어떤 때는 켜켜이 쌓인 감정을 느껴서 낱말들을 연결해 시를 짓지만, 어떤 낱말을 보고 감정이 느껴져서 시를 짓기도 합니다. 그런데 창의적인 작품일수록 이 두 과정이 분리되지 않고 섞여 있기 마련이죠."

그렇다면 창의적으로 자아 발달을 이루는 길도 결국 시인이 명작을 만들어 내듯이, 그리고 에셔의 그림이 보여 주는 것처럼 서로 다른 성질의 것을 다 녹여 내야 열리는 것이 아닐까.

에셔의 그림을 처음 보았을 때 생각했던 그림의 의미가 머리에서 나온 것이었다면, 반면에 방금 내놓은 답은 머리가 아닌 가슴부터 적셔 나온 것이었기에 느낌이 사뭇 달랐다. 결국 무엇인가를 안다는 것, 깨닫는다는 것이 이렇게 머리와 가슴이 함께 가는 거라는 사실을 느끼자, 그만큼 내가 성숙한 것 같아 가슴이 뿌듯했다. 한발 한발 조심조심 정문 쪽으로 걸어나오며, 나중에는 더 멋진 모습으로 놀이 공원을 찾겠다고 다짐했다.

이제 보니 자아 놀이 공원의 정문은 멋진 날개 모양이었다. 그것을 보자 갑자기 날고 싶었다. 프로이트 박사가 말한 대로 무의식이 자극을 받아서 날고 싶은 마음이 들었는지도 모른다. 아니면 폴러스 아줌마가 준 쪽지에 적힌 헤르만 헤세의 『데미안』 내용 때문인지도 모른다. 이도 저도 아니면 내가 평소에 즐겨하던 게임에 나오는 전쟁 시뮬레이션 캐릭터에 대한 꿈, 즉 전투기 조종사의 꿈 때문인지도 모른다. 어쩌면 내가 지금 이런 기분이 드는 것을 설명할 수 있는 것은 수천수만 가지일지도 모른다. 그중에 어떤 하나만 정답이라고 생각할 필요는 없을 것이다. 지금 내게 중요한 것은 날고 싶다는 마음이다. 나는 소리쳤다.

"그래 날자."

하지만 발은 붕대로 감겨 있었다. 나는 그것을 잘 알고 있었다. 그러나 나는 포기하지 않겠다. 지금 상태가 좀 힘들다고 날고 싶은 마음을 아예 포기하는 것은 바보 같은 일이다. 나는 속으로 나 자신에게 이야기했다.

'날고 싶다. 하지만 날려면 땅을 박차 위로 올라야 한다. 땅을 박차려면 뛰어야 한다. 뛰려면 걸을 줄 알아야 하고, 걸으려면 일단 땅에 바로 서는 것부터 익숙해져야 한다. 단번에 날 수 없다는 것을 알기에 나는 서두르지 않겠다.'

정문 앞에 놓여 있는 자아 놀이 공원 안내 팸플릿을 하나 집어 들었다. 셔틀버스를 기다리면서 놀이 공원 전체 그림이 담긴 팸플릿을 살펴보았다. 오늘은 주로 서쪽에 있는 서양관을 돌아보았지만, 다음에 오면 동양관 코스를 먼저 돌아보리라 결심했다.

멀리서 어둠을 뚫고 밝은 불빛이 내뿜어져 나오고 있었다. 그 불빛은 내 쪽을 향해 다가오고 있었다. 나는 여유 있는 웃음을 지으며 기다렸다. 오래지 않아 셔틀버스가 내 앞에 섰다. 차 문이 열렸다. 나는 밝은 빛 안으로 몸을 들이밀었다. 참 많은 일이 일어난 하루였다. 피곤할 만도 한데 오히려 힘이 났다. 자아 놀이 공원이 하얀 점으로 사라질 때까지 나는 눈을 떼지 못했다. 나는 마지막으로 자아 놀이 공원이 있는 쪽을 보면서 진지한 마음으로, 그러나 목소리는 아주 가볍게 말했다.

"다시 만날 때까지 안녕."

그런데 이렇게 말하자 가슴 밑바닥에서 뭔가가 따뜻하게 솟

구쳐 오르는 것 같았다. 그 다음 순간 코끝이 찡해지면서 눈물이 흘러나왔다.

저자 후기

따뜻한 손길을 내밀며

돌아보면 내가 심리학 공부를 한 것이 나 자신에게 정말 다행스러운 일이었다는 생각을 절로 하게 된다.

나는 대학 생활을 아주 우울하게 시작했다. 애초 원하던 대학을 가지 못했다는 이유 때문이었다. 우울함은 곧 긴 방황으로 이어졌고, 마침내 자신을 방치하는 지경에 이르게 되었다. 내가 얼마나 이 상황에 어울리지 않는가를 증명해서 내가 사실은 더 나은 사람이라는 것을 인정받기라도 하려는 것처럼 말이다.

나중에 안 것이지만 내가 우울했던 이유와 그것에서 벗어날 수 있는 답은 이미 토리 히긴스(Tori Higgins, 1946~)의 '자기 차이 이론'에 있었다. 이 이론에 따르면 사람은 세 종류의 자기 개념을 가지고 있다. 자신은 실제 무엇이라는 '실제적 자기', 무엇을 해야 하는 사람이라는 '의무적 자기', 마음속으로 바라고 있는 '이상적 자기'가 그것이다. 히긴스는 여러 실험을 통해 실제적 자기와 이상적 자기의 차이가 크면 우울해 하고, 실제적 자기와 의무적 자기의 차이가 크면 불안하고 초조해 한다는 사실을 밝혔다. 그리고 그 이론에 따르면 우울함을 줄이기 위해서는 두 자기의 차이를 줄여야 한다. 즉 이상적 자기의 수준을 낮추거나, 실제적 자기의 수준을 높이면 되는 것이다.

그런 것을 모르던 나는 이상적 자기에만 집착했다. 상황을 바꾸기 위해 노력할 힘마저 내가 왜 원하는 대학에 떨어졌는지 자책하는 데 낭비해 버렸다. 바보 같은 일이었다. 그렇게 못난 모습으로 시간을 보내다 군대에 가게 되었다. 당시 내가 갔던 특수 부대인 수색대는 대학생이 많지 않았다. 그때 내가 저주한 실제적 자기의 수준이 다른 사람에게는 이상적 자기의 수준임을 알게 되었다. 얼마나 배부른 고민을 했는지 깨달은 나는 제대 후 공부를 하고, 진지하게 삶을 대했다. 그리고 대학 간판을 떠나 이상적 자기를 생각하게 되었다. 나는 실제적 자기의 수준을 높이기 위해 더 많이 공부했다. 그 노력은 우울함을 없앴고, 나를 앞으로 나아가게 했다.

훗날 나는 히긴스의 이론을 읽으며 책 속의 활자가 영상이 되어 내 앞에 펼쳐지는 것을 경험했다. 내가 왜 우울했고, 어떻게 탈출할 수 있었는지 등 내 삶이 심리학 이론으로 설명되는 경험은 벅찬 감동을 주었다. 내 상처를 어루만지고, 다시는 그 길에 빠지지 않도록 꽉 잡아주는 손길이 느껴졌다. 딱딱한 고목인 줄 알았던 심리학 지식이 따뜻한 손길로 다가온 것이다.

만약 내가 히긴스의 이론을 조금이라도 먼저 알았다면 어땠을까? 당당하게 자신을 드러낼 수 있는 강인한 자기 정체성을 청소년기부터 갖고 있었다면 어떻게 되었을까? 적어도 자아 정체성이 무엇인지 고민하게 하고, 그것과 관련된 여러 지식을 가이드처럼 알려주는 책이 있었다면 어땠을까? 아마 방황하며 상처를 키우는 시간은 줄어들었을 것이고, 지금보다 훨씬 더 잠재된 능력을 발휘하고 있을 것이다.

이런 아쉬움은 이 책을 쓰게 만든 힘이 되었다. 글을 쓰는 동안 나는 타임머신을 타고 과거의 나와 이야기를 했다. 그리고 나와 같은 방황을 겪을지도 모를 누군가에게 조금이라도 도움이 되고 싶다는 생각을 하면서 그동안 공부했던 자아 이론들을 모았다. 그러다 보니 심리학을 비롯한 여러 학문의 오래된 이론부터 최신 이론까지 다루게 되었다.

사실 청소년기의 고민을 해결하는 데 도움을 줄 수 있는 지식을 담은 책은 이미 많다. 그러나 정체성의 문제와 자아 성장의 진정한 의미를 자신의 삶의 문제로 느낄 수 있도록 지식을 풀어낸 경우는 눈에 띄지 않았다. 지식은 어디까지나 객관적으로 이론화된 것이고 생활은 또 다른 문제라는 식으로 받아들이기 딱 좋은 책들이 많았다.

사실 이론가들은 자신이 살면서 겪은 경험을 바탕으로 생각을 체계화시켜 지식을 내놓았다. 그래서 독자는 여러 고민에 대한 답을 그들의 이론에서 찾을 수 있다. 그런데 안타깝게도 기존의 책들은 그 사실을 느낄 수 없도록 해 놓았다. 그래서 청소년이 지식에 가볍게 접근하고 그것을 삶의 문제로 느낄 수 있게끔 새로운 형식으로 책을 쓰게 되었다.

겉모습을 보면 이 책은 소설이다. 자아 발견과 성장에 도움이 되는 여러 지식을 이야기로 흥미롭게 구성한 소설이다. 하지만 이 책에 등장하는 주요 인물은 실제 살았거나 아직 살아 있는 심리학자, 과학자, 예술가이다. 이 책에는 그들이 했던 말과 비유가 고스란히 담겨 있다.

우선 이 책은 그들이 직접 썼던 비유를 그대로 살려 기본적인 구조를 만들었다. 예를 들어 '프로이트의 빙하 놀이관'은 프로이트의 이론을 설명할 때 널리 쓰이는 빙하의 비유에서 따왔다. '융의 미확인 비행 물체 전시관'도 비행접시에 대한 그의 논문에서 가져왔다. 이 책의 부록으로 삽입한 각 장의 참고 자료를 보면 원래 이론과 비유가 놀라울 정도로 맞아 떨어진다는 사실을 확인할 수 있을 것이다.

등장인물들의 대사 역시 그들이 직접 한 말을 옮기거나 사상을 반영하여 만들었다. 예를 들어, 소설 속에 자연스럽게 녹아들어 있는 "신뢰와 불신이 적당히 균형을 이뤄야 희망이 생기는 것"이라는 에릭슨의 말은 실제 그가 유아기의 발달에 대해 설명한 부분에서 가져왔다. 또 에드워드 윌슨이 융에게 하는 말인 "꿈의 해석과 같은 무의식 이론은 과학이나 철학도 아닌 그저 점쟁이의 운수 풀이와 같습니다."도 그의 책 『통섭』에 나오는 내용이다. 이 밖에도 주요 대사들은 참고 자료에서 원래 취지를 살려 가져왔다.

작가로서 공들인 작업은 실제 인물들이 한 말과 사상을 이야기에 맞게 배치하는 것이었다. 특히 주인공 '남상준'이 자아 성장을 경험할 수 있도록 여러 이론의 순서를 정하는 것이 가장 큰 문제였다.

그리고 활동 분야와 시대가 다른 인물들을 자아를 주제로 한자리에 모아 놓고 이야기하도록 사건을 만들고 각각의 등장인물에 개성과 이미지를 부여하는 일에 시간을 많이 들였다. 힘들었지만, 글 쓰는 재미도 쏠쏠했다.

이렇게 지식을 새로운 방식으로 전달하는 구성을 갖추게 되자, 등장인물을 통해 '인지 학습' 방법을 보여주고 싶은 마음도 생겼다. 인지 학습 방법은 다양한 분야의 지식을 특정 주제에 맞게 재구성하는 공부법인데, 주인공 남상준처럼 그때그때 상황에 맞게 질문을 하고 지식을 모으고 생각의 지점을 확인하면서 자신만의 결론을 내리는 것이 바로 인지 학습의 핵심이다. 쉽게 말해, 지식을 그저 암기하는 것이 아니라 창의적 문제 해결을 위해 자신에 맞게 능동적으로 재구성하는 식의 공부법이다. 오늘날 인지 학습은 지식 사회에 맞는 창의성을 키우는 데 최고의 학습법으로 떠오르고 있다. 이 책을 읽는 독자들이 주인공 남상준이 그랬듯이 자신이 알고 있는 것과 새로운 것을 결합시켜 생각의 징검다리로 활용하는 인지 학습 방법도 자연스럽게 익힐 수 있게 되기를 기대한다.

심리학은 외로움을 줄이는 학문이다. 심리학을 보면 자신이 처한 상황에 해당하는 설명이 꼭 있기 때문이다. 이 책을 통해 여러분의 고민이 혼자만의 것이 아니었음을 확인하고, 자신뿐 아니라 다른 사람을 더 잘 이해하는 계기가 되었으면 하는 바람이다. 아울러 지식이 단지 머리만을 채우는 것이 아니라, 가슴의 문제까지 해결하는 데 아주 유용할 수 있음을 확인하는 기회가 되기를 바란다.

끝으로 '지식 성장소설'이라는 낯선 장르의 책이 나오기까지 자신의 책처럼 애정을 갖고 파트너십을 발휘해 준 편집자 서상일 씨와 그림을 그려준 김병우 씨, 사계절출판사 직원 분들께 감사를 표하고 싶다. 그리고 힘든 일을 당당히 이겨 내고 있는 아내 정수연과, 아빠를 늘 자랑스럽다고 말해 줘서 고마운 두 딸 규리와 규린이에게 사랑한다는 말을 전하고 싶다.

2009년 3월
새 봄의 기운을 느끼며
이남석

참고 자료

〈프로이트의 빙하 놀이관〉, 〈빙하 놀이관에 다시 들어가다〉
■ 헨리 글레이트만, 장현갑 외 옮김(2005), 「심리학 입문」, 시그마프레스.
주인공 '나'가 미로 속을 헤맬 때 본 '할머니와 귀부인 그림'은 위 책의 141쪽에 소개된 그림을 다시 인용한 것이다. 꼭 이 책이 아니더라도 자기 자신의 마음을 이해하기 위해서 '심리학 개론'이나 '심리학 입문' 같은 제목으로 된 책을 한 번은 읽어 보기 바란다. 흔히 다른 사람의 마음을 이해해서 자신에게 유리한 방식으로 상황을 유도하려고 심리학 책을 읽는다고 하지만, 심리학 책은 기본적으로 자기 자신의 마음을 새롭게 이해하기 위해 읽어야 한다.

■ Escher, M.C. (1960), 'Circle Limit IV'
미로 속에서 주인공 '나'가 본 천사와 악마가 번갈아 보이는 그림은 에셔의 판화이다. (원래 작가가 태어난 곳인 네덜란드식으로 말하자면 그의 이름은 '에스헤르'라고 읽어야 한다. 하지만 국내에서는 '에셔'로 더 많이 알려져 있어 독자의 이해를 돕기 위해 영어식으로 '에셔'라고 표기했다.)
에셔의 그림은 세상에 대한 우리의 고정관념에 도전하는 내용으로 되어 있다. 세상뿐만 아니라 자기 자신에 대한 생각의 한계를 깨고 싶다면, 에셔의 그림을 보기 바란다. 인터넷에서 에셔를 검색하면 그의 그림을 많이 확인할 수 있다.

■ 지크문트 프로이트, 임홍빈, 홍혜경 옮김(2004), 「정신분석 강의」, 열린책들.
■ 지크문트 프로이트, 윤희기 옮김(2004), 「정신분석학의 근본 개념」, 열린책들.
■ 지크문트 프로이트, 박성수, 한승완 옮김(2004), 「정신분석학 개요」, 열린책들.
프로이트 이론의 핵심적인 내용이 소개된 책이다. 위 책들에 제시된 내용을 바탕으로, 현실에 진짜 있지는 않으나 프로이트가 놀이 기구를 설계한다면 어떤 모양일까 생각하여 이 책을 썼다. 그 결과 프로이트의 이론적 구조와 동일한 빙하 놀이관 이야기가 나오게 되었다. 프로이트 이론에 관심이 있다면 이 책들을 살펴보기 바란다.

■ 지크문트 프로이트, 김인순 옮김(2004), 「꿈의 해석」, 열린책들.
■ 지크문트 프로이트, 정장진 옮김(2004), 「예술, 문학, 정신분석」, 열린책들.

위의 책들은 꿈의 역할과 무의식에 대한 내용이 집중적으로 소개되어 있다. 주인공 '나'가 꿈속에서 본 것과 같은 여러 상징들을 보는 장면과, 미켈란젤로의 〈모세 상〉 등 새로운 것을 창조하는 승화의 과정이 드러나는 장면을 만드는 데 참고했다. 『꿈의 해석』에 대한 올바른 이해를 바탕으로 프로이트의 『문명 속의 불만』을 읽으면, 개인의 정신뿐만 아니라 문명, 사회, 종교 등에 대한 새로운 통찰을 얻을 수 있을 것이다.

〈희망을 주는 전시〉
■ 로버트 A. 월리스 외 지음, 이광웅 옮김(2002), 『생물학 : 생명의 과학』, 을유문화사.
■ 한국생물과학협회 지음(2002), 『생물학용어집』. 아카데미서적
■ 편집부 지음(2005), 『생물 핵심 용어 사전』, 시공아카데미.
이벤트홀에 전시된 변태와 변이의 정의와 설명은 위 책을 참조해서 구성했다. 관련 내용에 대한 자세한 설명을 원하는 독자는 참고하기 바란다.

■ 트리나 폴러스 지음, 김석희 옮김(1999), 『꽃들에게 희망을』, 시공주니어.
트리나 폴러스가 쓴 책으로, 주인공 '나'와 대화를 나누는 장면에서 줄거리를 소개했다. 단순한 줄거리이지만 인생에서 전환점이 필요할 때 읽으면, 그때마다 새로운 통찰을 주는 신기한 힘을 갖고 있다. 특히 졸업이나 입학 즈음에 읽어 보거나, 주변 사람들에게 선물해 주면 더 좋다.

■ 헤르만 헤세 지음, 장경호 옮김(1999), 『나비』, 범우사.
헤르만 헤세의 나비에 대한 사랑을 알 수 있는 작품으로, 이 책에 인용한 단편 소설 '나비'도 소개되어 있다. 청소년기에 자아 정체성이 어떤 식으로 발전하는지 확인할 수 있다.

■ 헤르만 헤세 지음, 구기성 옮김(2004), 『데미안』, 문예출판사.
이 책은 트리나 폴러스가 주인공 '나'에게 안락함을 벗어나야 자아 발달을 이룰 수 있다고 이야기하는 장면에 참고한 자료이다. 이 장면은 헤세가 쓴 『데미안』과 『나비』, 폴러스의 『꽃들에게 희망을』에서 공통적으로 이야기하는 생각을 표현한 것이다. 같은 생각이 여러 작품에서 어떻게 형상화되었는지 확인해 보면, 다양한 작품에서 '성장'의 의미를 잘 찾아내게 될 것이다.

〈스키너의 입체 게임관〉

■ Skinner, B.F. (1974), *About behaviorism*, Vintage.

심리학자 스키너가 자신의 이론이 다른 행동주의 심리학자의 이론과 다른 점, 그리고 자신의 이론에 대한 오해를 해소하는 내용으로 구성된 책으로, 스키너를 이해하는 데 큰 도움이 된다. 입체 게임관을 구상할 때 많이 참고한 책이다. 글재주가 뛰어났던 스키너의 특성이 잘 드러나 있어 누구나 쉽게 읽을 수 있다. 세부적으로는 자아 정체성이라는 주제 자체에서 벗어날 수 있지만, 인간 마음의 비밀에 대해서 가장 기본적인 고민을 하고 싶다면 꼭 읽어 보기 바란다.

■ B.F. 스키너 지음, 정명진 옮김(2008), 『자유와 존엄을 넘어서 : 20세기 심리학의 랜드마크』, 부글북스.

스키너는 명성에 비해 번역된 저서가 드물다. 다행히 원제목이 'Beyond Freedom and Dignity'인 이 책은 스키너의 행동주의 심리학의 특징과, 사회와 인간에 대한 그의 통찰을 살펴볼 수 있는 내용으로 구성되어 있다. 인간은 자율적이며 주체적이라는 가정을 당연하게 여겼던 독자라면, 전혀 다른 스키너의 관점을 접하는 것이 자신의 행동 특징과 발전 방향을 생각하는 데 큰 도움이 될 것이다. 또 학문서는 아니지만, 스키너가 쓴 소설인 『월든 2』도 번역되어 있으니, 스키너의 관점을 이해하고 싶다면 읽어 보기 바란다.

〈미확인 비행 물체 전시관의 세 사람〉

■ Jung, C.G. (1979), *Flying Saucers : A Modern Myth of Things Seen in the Skies*, Princeton University Press.

융은 이 책에서 미확인 비행 물체(UFO)에 대해서 '현대인이 만들어 낸 신화'라고 주장했다. 위 책의 내용을 가지고 융이 비행접시 모양에 숨겨져 있는 집단 무의식을 설명하는 장면에 활용했다. 융은 비행접시 말고도 연금술, 점성술, 텔레파시, 투시, 꿈 등에 집단 무의식이 작용하고 있다고 주장했다. 융이 자아 놀이공원에 그의 이론에 따라 놀이관을 만든다면 어떤 모양일까를 고민한 결과 현실에 존재하지 않는 미확인 비행 물체 전시관이 탄생하게 되었다. 문명·문화와 무의식의 관계에 대해서 생각하는 데 도움이 되는 자료를 찾는다면 꼭 읽어 보기를 바란다.

- 캘빈 S. 홀, 버논 노드비 지음, 최현 옮김(1993), 「융 심리학 입문」, 범우사.

융의 이론에 대한 전체적인 조망과 내용 구성을 참조했다. 특히 융이 자아실현에 대해서 이야기하는 것은 위 책의 17쪽에 소개된 "나의 생애는 무의식의 자기실현의 이야기다."라는 융의 자서전에서 밝힌 내용에 바탕을 두고 있다.

- C.G. 융 지음, 한국융연구원 융저작번역위원회 옮김(2002), 「원형과 무의식」, 솔.

융이 집단 무의식의 개념에 대해서 이야기하는 장면은 위 책의 제2장과 제3장의 내용을 통합해서 재구성했다.

- Jung, C.G. (1979), *Aion*, Princeton University Press ; 2nd edition.

융이 '자아'와 '자기'를 구별해서 이야기하는 장면은 바로 위 책의 제1장과 제4장의 내용을 합쳐서 만든 것이다.

- 이부영 지음(2002), 「자기와 자기실현」, 한길사.

융이 창시한 분석심리학을 다룬 위 책의 제1장의 내용을 참고해서, "인생은 자아가 자기를 찾는 과정"이라고 말하는 이야기를 구성했다.

- 에드워드 O. 윌슨 지음, 최재천, 장대익 옮김(2005), 「통섭 : 지식의 대통합」, 사이언스북스

에드워드 윌슨이 프로이트와 융의 무의식 이론을 비판하는 장면에 쓴 내용은 위 책의 제6장과 제9장의 내용을 참조해서 구성했다. 또한 에드워드 윌슨이 사회생물학 이론을 주장하는 내용도 위 책에 나온 내용을 많이 참고했다.
이 책은 비록 청소년이 이해하기에 힘든 내용이지만, 나중에 교양을 쌓거나 올바른 학문적 자세를 고민할 때 꼭 읽어 봐야 할 책이다. 이 책에 나오는 윌슨의 이론이 다 맞지는 않더라도 자연과 인간에 대한 이해를 높이기 위해서는 지식을 통합해야 한다는 윌슨의 주장만큼은 앞으로도 계속 유효할 것이기 때문이다.

- Dusek, V. (1999). *Sociobiology Sanitized : the Evolutionary Psychology and Genetic Selectionism*, Debates. Science-as-Culture forum

미국 과학철학자이자 뉴햄프셔대학교 교수인 발 두섹 박사가 쓴 글로 사회생물학과 진화심리학의 관점 차이를 확인할 수 있다. 이 논문을 바탕으로 에드워드 윌슨 박사와 존 투비 박사의 가상 논쟁을 구성했다. 이 논문은 온라인에서 볼 수

있다(http://human-nature.com/science-as-culture/dusek.html).

■ Cosmides, L. & Tooby, J. (2003), *Evolutionary psychology* : *Theoretical Foundations*, In Encyclopedia of Cognitive Science. (pp.54-64), London : Macmillan.
진화심리학자와 사회생물학자의 차이를 확인할 수 있는 글이다. 이 글에서 존 투비 박사는 "진화심리학자들은 행동 자체를 연구하지 않고 다만 진화론을 이용하여 인지 기계를 연구하는 데 비해, (사회생물학자와) 행동유전학자들은 사람들의 차이가 그들의 유전자 차이로 어느 정도 설명될 수 있는가에 관심이 있다는 점이 다르다."라고 말한다. 존 투비 교수가 본능에 대한 이야기를 해서 에드워드 윌슨 박사와 부딪히는 장면을 만들 때 참고한 자료이다. 이 글은 온라인에서도 볼 수 있다(http://www.psych.ucsb.edu/research/cep/papers/A0529.pdf).

■ Cosmides, L. and Tooby, J. (1997), Evolutionary Psychology : A Primer, CEP
진화심리학의 특징과 원리에 대해서 체계적으로 정리해 놓은 글이다. 이 글에서 존 투비 교수가 "우리의 뇌는 석기 시대의 마음을 가지고 있다." (Our modern skulls house a stone age mind)라고 한 말도 위 글의 맨 마지막에 소개되어 있다. 이 글은 온라인에서도 볼 수 있다(http://www.psych.ucsb.edu/research/cep/primer.html).

〈매슬로의 피라미드관〉
■ Maslow, A. (1998), Toward a psychology of being, 3rd editon, Wiley.
■ Maslow, A. (1970), Motivation and personality, Harper & Row.
피라미드관을 구성할 때 참고한 책들이다. 그러나 이 책들은 여느 심리학 책과는 다르게 실험으로 증명을 하거나 체계적인 질적 연구를 한 결과라기보다는 직관에 따른 사례를 모아 놓은 것이어서 비판을 많이 받기도 한다. 그런데도 경영학이나 행정학 등 다양한 분야에서 지속적으로 관심을 받는 것을 보면 그 나름대로 이유가 있는 것이 아닌가 싶다. 매슬로가 말한 것처럼 욕구 위계가 명확히 순위를 매길 수 있는 것은 아니더라도, 적어도 욕구의 종류와 그에 따른 처방이 현실적으로 효과가 있기 때문이 아닐까 싶다. 자아실현을 고민하는 독자가 현실적인 조언을 구할 때에도 참고할 만한 내용이 있다. 이미 다른 책들에 많이 인용되고 있는 바이기는 하지만 말이다.

〈에릭슨의 서바이벌 게임장〉, 〈가슴 떨리는 미션〉
- Erikson, E.H. (1950), Childhood and Society, Norton.
- Erikson, E.H. (1968), Identity : Youth and Crisis, Norton.
- Erikson, E.H. (1974), Dimensions of a New Identity, Norton.
- Erikson, E.H. (1998), The Life Cycle Completed, Norton.

이 책에 나오는 미션은 모두 에릭슨 이론에 대한 위 책의 이론적 설명에 바탕을 두고 만들었다. 그리고 서바이벌 게임에 맞는 이야기로 구성하기 위해 조금 의역한 것도 있지만 에릭슨이 직접 쓰거나 에릭슨 전문가가 표현한 말들을 그대로 인용하기도 했다. 1998년에 나온 책에는 에릭슨의 부인인 조안 에릭슨이 마지막 한 단계를 더 추가해서 인생을 9단계로 구분하는 내용을 넣었다. 하지만 기존의 에릭슨 이론과 차이가 있고 일반적으로 지지를 받는 주장이 아니어서 이 책에서는 8단계로 된 내용만 소개했다.

- Brown, J. D. (1998), The Self, McGraw Hill.
- Welchman K. (2000), Erik Erikson, Open University Press.

에릭슨의 생애와 이론에 대한 전체적인 내용을 요약하는 자료로 활용했다. 에릭슨에 대해서 체계적인 공부를 하고 싶은 독자는 참고하기 바란다.

- 이만갑 지음(2004), 『자기와 자기의식』, 소화.

병실에서 간호사가 '나'에게 가져다준 차트는 이만갑 교수의 저서인 『자기와 자기의식』의 202쪽에 제시된 표를 참고했다. 에릭슨에 대한 다른 전문서에서 소개한 내용을 표에 추가하고 이 책의 용도에 맞게 형태를 바꿨다.

- 정옥분 지음(2004), 『발달심리학 : 전생애 인간 발달』, 학지사.

주인공 '나'가 서바이벌 게임장에서 겪은 경험과 인간의 개괄적인 발달 과정을 짝지우면서 생각하는 장면은 발달심리학 개론에 나오는 이론의 공통된 사항에 바탕을 두고 이야기로 구성한 것이다.

⟨만남과 이별⟩

■ M.C. 에셔 지음, 김유경 옮김(2004), 『M.C. 에셔, 무한의 공간』, 다빈치.

에셔가 직접 강의한 내용이나 발표한 글 등을 모은 책으로, 에셔의 ⟨그리는 손⟩을 해석할 때 참고 자료로 활용했다. 에셔에 대해 이해하고 싶으면 읽어 보기 바란다.

■ 더글러스 호프스태터, 박여성 옮김(1999), 『괴델, 에셔, 바흐』, 까치.

수학, 미술, 음악을 넘나들며 다양한 지식이 소개되어 있어 어렵기로 유명한 책이다. 하지만 아주 창의적인 책이기도 하다. 이 책에서는 에셔의 ⟨그리는 손⟩을 해석할 때 참고 자료로 활용했다.